엄마와 아이가 함께 즐거운
# 그림책 사용 설명서

엄마와 아이가 함께 즐거운

# 그림책 사용 설명서

박희연 · 조경희 · 조명숙 지음

초록서재

**일러두기**

- 이 책에 수록된 표지와 본문 이미지는 출판사의 허락을 얻고 사용하였습니다.

| 프롤로그 |

# 사랑하는 자녀에게
# 그림책을 읽어 주세요

　세계적인 그림책 작가 모리스 샌닥 Maurice Sendak은 "그림책이란 대부분 사람이 생각하는 것(쉽고, 그림이 많고, 어린이들에게 읽어 주는 것) 이상의 무엇입니다. 나에게 그림책이란 환장하게 어려운 일입니다. 복잡하고도 매력적인 시적(詩的) 형태와 씨름하는 것과 같지요. 그림책은 요구하는 것이 너무 많아서 항상 모든 상황을 꿰뚫고 있어야 하며, 마침내 아주 단순하고 잘 정리된 이음새 하나 없는 무언가를 성취해서 마치 단시간에 그 작업을 해치운 것처럼 보여야 합니다. 엉성한 바늘땀이 하나라도 보이면 그 게임에서 진 겁니다."라고 그림책 만들기의 어려움을 이야기했습니다. 이렇게 작가들이 정성 들여 한 땀 한 땀 꿰어서 태어나는 것이 그림책입니다.
　모리스 샌닥 작가의 말대로 "환장하게 어렵게" 만들어진 그림책은 결코 쉽게 읽히지 않습니다. 다시 말해서 그림책은 가장 편안하고 친절한 장르인 것 같지만 사실 그렇지 않습니다.

대부분의 부모님들은 그림책을 쉬운 책이라고 생각합니다. 이유는 글이 별로 없고 그림이 많기 때문입니다. 그래서 자녀와 그림책을 읽을 때 그림의 의미는 생각하지도 않고 글만 줄줄 읽고 책장을 휘리릭 넘깁니다. 그러나 그림책은 글과 그림이 함께 의미를 전달하는 매체이므로 글과 그림을 모두 읽어야 합니다. 자녀와 부모가 그림책을 읽을 때 더 많은 의미를 깨닫고 즐거움을 느끼기 위해선 그림책에 대한 이해가 있어야 합니다.

　이 책은 부모님이 자녀와 함께 그림책을 읽을 때 사용할 전략들을 인지 발달과 교육 이론의 맥락에서 전문용어 대신 쉬운 단어로 바꾸어 설명하고자 노력했습니다. 아이마다 개별성과 그 반응은 다양하기에 자녀에게 그림책을 읽어 주면서 겪었을 문제들을 상황별로 정리했습니다.

　인간은 외면은 하나이지만 내면은 복잡하고 미묘한 감정들로 뒤엉켜 있어서 한 가지로 설명할 수 없는 존재입니다. 그러므로 나와 타인, 세상을 이해하는 건 쉽지 않은 일입니다. 그런데 그림책은 불과 16장면에 인간의 복잡 미묘한 감정을 함축적으로 표현합니다. 수천 권의 그림책을 읽으면 수천 명의 그림책 작가를 만나는 것이고, 그 작가들이 만들어 낸 수천 명의 인물도 만나는 셈이죠. 그러니 부모님! 사랑하는 자녀에게 그림책을 읽어 주세요! 나를 이해하고 타인과 소통하며 살아가게 하는 데 그림책만 한 게 없습니다.

이 책은 유아교육을 전공한 문학박사 세 명이 자녀와 함께 그림책 읽기의 즐거움을 느끼길 바라는 영유아 부모님을 위해 쓴 '그림책 사용 설명서'입니다. 10여 년간 현장에서 쌓은 경험과 그림책 연구가로서의 신념을 가지고 자녀와 그림책 읽기에 도전하는 부모님들이 부담 없이 읽을 수 있도록 최대한 상세하고 쉽게 설명했습니다.

어린 유아들에게는 그림책의 즐거움을 알게 해서 평생의 독자가 되는 습관을 길러 주고 싶습니다. 그림책은 소통의 첫 단추 역할을 하며, 어느 순간 독자를 위로하기도 하고, 상대방의 감정을 읽을 수 있게도 하기 때문입니다. 한국그림책학교 연구진들은 『그림책 사용 설명서』를 통해 조금이나마 그림책의 이로움을 전하고자 합니다. 더 많은 부모님이 자녀와 함께 그림책 읽는 시간을 행복한 순간으로 만드는 데 이 책이 도움이 되었으면 합니다.

합정동에서 저자 일동

| 차례 |

프롤로그 · 사랑하는 자녀에게 그림책을 읽어 주세요　　　　005

## 1부　　　　그림책, 왜 읽어야 할까요?

1장　그림책의 구성　　　　014
2장　그림책이란?　　　　021
3장　그림책을 읽어야 하는 이유　　　　027

## 2부　　　　그림책, 어떻게 읽어야 할까요?

1장　내가 알고 있는 지식과 연결해 봐요　　　　041
2장　어떤 내용일지 예측해 봐요　　　　046
3장　읽기 후 이야기 내용을 요약해 봐요　　　　050
4장　주어진 정보로 주어지지 않은 내용을 생각해 봐요　　　　054

5장  읽기 중 이해되지 않을 때 질문해 봐요　　　　　　　058
6장  머릿속으로 상상하고 그림을 그려 봐요　　　　　　　061

# 3부  막상 읽으려니 문제가 생겼어요!

## 1장  그림책 읽기 전에 발생할 수 있는 문제 상황　　068

- 글이 없어요!　　　　　　　　　　　　　　　　　　068
- 무거운 주제를 꼭 읽어 주어야 하나요?　　　　　　　073
- 나이가 다른 형제자매는 어느 수준에 맞춰 읽어 주어야 할까요?　078
- 영아에게는 어떻게 읽어 주어야 하나요?　　　　　　081
- 패러디 그림책은 어떻게 읽어야 더 재미있을까요?　　084
- 한글을 깨쳤는데도 읽어 주어야 하나요?　　　　　　089
- 책 읽어 줄 시간이 부족해요　　　　　　　　　　　　094

## 2장 그림책 읽기 중에 발생할 수 있는 문제 상황    **097**

- 글과 그림이 다르게 이야기해요    097
- 글을 아직 안 읽었는데 아이가 책장을 넘겨요    100
- 아이에게 어떤 질문을 해야 할까요?    103
- 재미있게 읽어 주려면 어떻게 해야 하나요?    109

## 3장 그림책 읽기 후에 발생할 수 있는 문제 상황    **115**

- 같은 그림책을 계속 읽어 달래요    115
- 요즘 그림책, 가끔 이해가 안 돼요!    119
- 언제까지 읽어 주어야 하나요?    124
- 이 부분도 읽어야 하나요?    128

## 4부  그림책, 골라 볼까요?

1장  누가 있을까? 138
2장  어디에서 일어났을까? 153
3장  어떻게 표현했을까? 161

**에필로그** · 의미 있는 삶으로 이어지는 그림책 읽기   169

1부

# 그림책, 왜 읽어야 할까요?

# 1장

그림책의
구성

그림책을 읽기 전에 먼저 그림책의 구성과 명칭을 알아보겠습니다. 그림책은 인쇄물을 엮은 것으로, 본문과 이를 감싸는 부분들로 이루어져 있습니다. 그것의 명칭을 각각 표지, 면지, 속표지라고 부릅니다. 그림책에서는 표지, 면지, 속표지가 다른 책들보다 훨씬 더 다양한 방법으로 표현되며, 본문 내용 이상의 역할을 합니다.

표지는 앞표지, 뒤표지로 구분됩니다. 제본 방식에 따라서 양장

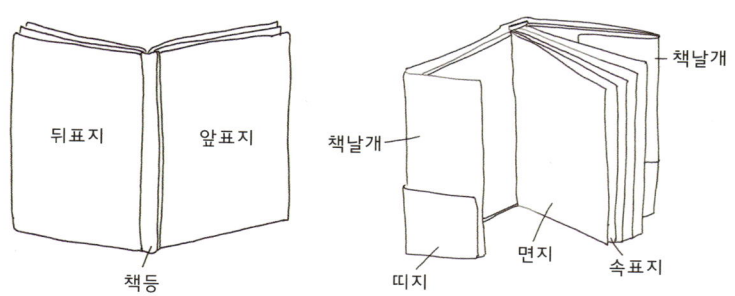

제본과 페이퍼백 paperback 으로 구분할 수 있습니다. 그림책은 대부분 양장 제본을 많이 합니다. 양장 제본일 경우 하드커버와 싸개인 재킷이 있습니다. 재킷의 표지와 하드커버의 표지를 같게 하기도 하지만 다르게 하여 책을 읽는 어른들과 아이들에게 흥미를 불러일으킬 수 있습니다. 표지에는 제목, 작가와 출판사의 이름을 넣습니다.

재킷 표지(위)와 하드커버 표지(아래),
『때』, 지우 글·그림, 달그림

지우 작가의 그림책 『때』(달그림)는 재킷의 표지와 하드커버의 표지를 다르게 했습니다. 재킷의 표지에는 때수건을 표현한 그림이 있고 하드커버의 표지에는 목욕탕에 앉아 있는 사람 그림이 있습니다. 저킷의 표지 그림을 보고 무엇을 나타낸 것인지 궁금해하다가 하드커버의 그림을 보고서 '아, 때수건이구나!' 하고 의미를 이해하게 되지요. 표지 그림이 때수건이라는 것을 알고 본문 내용을 읽으면 이야기를 이해하기가 쉽습니다.

또 표지 그림을 보고 제목과 내용을 연결 지어 보거나, 등장인물의 관계를 예측해 보거나, 이야기가 펼쳐지는 장소를 알게 되어 스토리를 이해하는 데 도움이 되기도 합니다.

예를 들어 이지은 작가의 『이파라파냐무냐무』(사계절) 표지의 제목을 보면 '이파라파냐무냐무'가 도대체 무슨 뜻인지 궁금증이 생기면

『이파라파냐무냐무』, 이지은 글·그림, 사계절

서 본문의 내용을 읽고 싶어집니다.

제리 핑크니 작가의 『사자와 생쥐』(별천지)는 표지 그림을 보고 등장인물인 사자와 생쥐의 관계를 예측해 볼 수 있습니다. 또 윤정주 작가의 『꽁꽁꽁』(책읽는곰)은 표지 그림으로 이야기가 일어나는 장소를 미리 알게 됨으로써 이야기에 더욱 흥미를 가질 수 있습니다.

면지는 표지와 본문 속지를 연결하는 역할을 합니다. 앞표지와 연결된 것은 앞면지, 뒤표지와 연결된 것은 뒷면지라고 부릅니다.

면지는 흔히 단색의 종이를 사용하는데, 면지가 붉은색이면 무대의 막처럼 보여 아이들은 이야기가 시작되는 막을 여는 기분으로 책장을 넘기게 됩니다. 유승정 작가의 그림책 『봉산탈사자춤』(초방책방)은 면지로 이야기의 막을 열고 닫는 것을 보여 주는 그림책입니다. 그림책을 읽고 나면 마치 한 편의 마당놀이를 본 것 같은 느낌을 받습니다.

『사자와 생쥐』, 제리 핑크니 글·그림, 별천지
『꽁꽁꽁』, 윤정주 글·그림, 책읽는곰

면지는 그림책의 상징을 패턴처럼 배열해 놓기도 합니다. 김유경 작가의 『욕심쟁이 딸기 아저씨』(노란돼지)의 면지는 이 그림책의 주요 소재인 딸기를 패턴화해 구성했습니다. 책을 읽는 어른과 아이는 면지를 보면서 본문의 내용과 어떤 관계가 있을지 생각하고 앞으로 펼쳐질 이야기를 추측해 볼 수 있습니다.

 때로는 면지가 이야기의 사건이 어디에서 일어났는지 전체적으로 파악할 수 있는 정보를 제시해 주기도 합니다. 김기정 작가가 쓰

『봉산탈사자춤』, 유승정 글·그림, 초방책방
『욕심쟁이 딸기 아저씨』, 김유경 글·그림, 노란돼지
『큰일 났다』, 김기정 글, 전민걸 그림, 다림

고 전민걸 작가가 그린 『큰일 났다』(다림)는 너구리가 개암을 혼자만 먹으려다 떨어뜨려서 그만 두더지 굴로 들어가고 맙니다. 이 일로 호랑이 배를 누군가가 발로 밟는 사건이 일어나죠. 호랑이는 누가 그랬는지 수색을 하고 다닙니다. 그림책의 앞면지는 개암을 잃어버리면서 일어난 사건들이 어디에서 일어났는지를 전체적으로 보여 주고, 뒷면지는 호랑이가 어디 어디를 수색하고 다니는지를 전체적으로 보여 줍니다. 책을 읽는 어른과 아이는 본문 내용을 읽으면서 숲속의 상황을 면지를 통해 알게 됩니다.

면지는 그림책에 따라서 이야기의 시작 부분과 결말 부분을 제시하기도 합니다. 서현 작가의 그림책 『커졌다!』(사계절)는 면지로 이야기의 시작과 결말을 보여 줍니다.

『커졌다!』, 서현 글·그림, 사계절
『엄청난 눈』, 박현민 글·그림, 달그림

속표지는 책의 겉표지 다음에 붙이는 표지입니다. 본문 내용이 전개되기 전에 자리하여 본문과 같은 종이를 쓰고, 겉표지처럼 책의 제목, 작가와 출판사 이름을 적습니다. 속표지에는 약표제지 half-title page, 저자의 저작 목록 advertisement, 판권 면 copyright page, 속표제지 title page, 헌정사 dedication 및 감사의 말 acknowledgment 등을 넣기도 합니다.

때로는 속표지의 그림을 면지와 연결함으로써 본문의 내용으로 자연스럽게 들어가게 해 줍니다. 예를 들어 박현민 작가의 그림책 『엄청난 눈』(달그림)은 면지의 눈 내리는 그림이 속표지와 연결되어 엄청난 눈이 쌓였음을 알려 줍니다. 그리고 자연스럽게 본문 내용으로 이어집니다.

속표지를 이용해서 앞으로 나올 이야기에 대한 흥미와 기대감을 고조시킬 수도 있습니다. 나카가와 히로타카 작가가 쓰고 초 신타 작가가 그린 『울었어』(문학동네) 속표지에는 아이의 감은 눈에서 눈물 한 방울이 떨어지는 그림이 있습니다. 이렇듯 속표지는 제목과 그림으로 줄거리를 예상할 수 있도록 도와줍니다.

『울었어』, 나카가와 히로타카 글, 초 신타 그림, 문학동네
『늑대들』, 에밀리 그래빗 글·그림, 비룡소

또는 속표지가 이야기의 도입 역할을 하기도 합니다. 에밀리 그래빗 작가의 『늑대들』(비룡소)은 속표지에서 "신간이 도착했습니다!"라고 쓰여 있는 우편물이 도착한 것을 보여 줍니다. 등장인물인 토끼가 '늑대들'이라는 제목을 올려다봅니다. 이야기가 어떻게 흘러갈지 자연스럽게 도입이 시작되는 것이지요.

## 2장

## 그림책이란?

　그림책은 글과 그림으로 이야기를 전달하는 책입니다. 그림책의 전체 쪽수는 16장(32쪽) 안팎으로 일반 서적과 비교해 월등히 적지만, 그 안에 함축된 이야기가 가득 담겨 있습니다. 그림책 작가들은 은유와 상징을 사용해 함축적으로 표현함으로써 독자들에게 전달하고자 하는 의미를 풀어 나갑니다.

　그림책이 다른 책들과 다른 점은 그림으로 이야기를 이끌어 간다는 것입니다. 그림이 글의 이해를 돕는 보조 역할이 아니라 독립적으로 글과 같은 역할, 더 나아가 글보다 좀 더 비중 있는 역할을 하며 이야기를 전달합니다. 다시 말해, 그림책은 이야기를 담고 있으며, 글과 그림으로 그 이야기를 표현합니다. 이때 글과 그림이 같이 이야기를 표현하기도 하고, 글에 없는 이야기를 그림이 하거나 그림에 없는 이야기를 글이 하기도 합니다. 또 글과 그림이 서로 모순되는 이야기를 하기도 합니다. 어찌 됐든 그림책의 글과 그림은 어느 한쪽의 이야기로는 이해할 수 없는 구조로 연결되어 있습니다. 글의 이야기와 그림의 이야기가 서로 융합되어 새로운 의미를 생성하기에 글과 그림 모두를 읽어야 합니다.

그림책에는 직접 드러난 의미 말고도 숨겨진 의미가 아주 많습니다. 따라서 독자는 글과 그림을 오가며 이런 의미들을 해석하고 이해하며 그림책을 읽어야 합니다. 보통 쉽게 이해할 수 있을 것으로 생각하고 읽지만 그리 녹록지 않습니다. 그렇다면 그림책 작가는 어떻게 그림으로 이야기를 전달할까요? 그림으로 이야기를 전달하는 방법은 글과는 다른 방식입니다. 이를 이해하면 그림책이 훨씬 재미있어집니다.

그림은 보여 주는 것이므로 이야기가 펼쳐지는 '무대'가 있고, 무대 위에서 행위를 하는 '행위자'가 있습니다. 어떤 무대에서 누가 행위를 하고 있는지 독자가 읽을 수 있다면 이야기가 전달되었다고 볼 수 있습니다.

예를 들어 선이 그려진 장면이 있고, 다음 장면에는 그 선 위에 배가 그려져 있습니다. 그다음 장면에는 선 위의 배가 이전 장면보다 옆으로 이동한 그림이 있습니다. 이때 무대는 바다가 되고, 행위의 주체인 배가 바다 위를 떠 가고 있다는 이야기가 전달되는 것입니다. 이렇듯 그림책은 그림으로도 이야기를 전달하기 때문에 글만 읽어서는 안 됩니다. 바꾸어 말하면, 글만 집중해서 읽고 그림은 쓱 보고서 다 읽었다고 덮어서는 안 되는 책이 그림책입니다.

따라서 그림책을 더는 단순하고 쉬운 책, 유아가 보는 책, 단순히 그림이 있는 책으로 여기기보다는 글과 그림이 서로 정보를 교환하고, 그 둘의 장단점을 상호 보완하여 새로운 의미를 생성하는 예술 텍스트로 봐야 합니다.

그림책이 쉽지 않은 책인 또 하나의 이유는 글과 그림뿐 아니라 인쇄 매체의 모든 요소, 즉 본문의 글과 그림 외에 판형, 글씨체, 종이 재질, 겉표지와 속표지, 면지 등에 의미를 담아 이야기를 전달하기 때문입니다. 그러니 이러한 부분까지 꼼꼼히 살피고 의미를 찾아 이해해야 합니다.

독자는 책을 마주하는 공간에서부터 책을 고르고, 만지고, 어림으로 살펴보면서 책이라는 물성과 교감을 합니다. 그렇기에 책을 포장하는 북 디자인은 그림책 세계에서 매우 중요한 위치를 차지합니다. 독자가 책을 고르고 책에 관심을 가지게 하는 역할을 하기 때문입니다.

따라서 그림책 작가들과 북 디자이너들은 책의 내용과 맥락이 연결되도록 가로세로의 길이를 달리한 판형을 사용하기도 하고, 표지와 면지를 이야기의 연장 공간으로 십분 활용해 메시지를 전달하기도 하며, 전체적인 분위기나 내용을 함축적으로 암시하는 제목과 그림으로 표지를 구성해 의미를 전달하기도 합니다.

그림책은 전체적으로 볼 때 주로 그림으로 이야기를 전달하기에 아직 글을 읽을 줄 모르는 아이들에게 읽어 주기 좋은 책입니다. 엄마(또는 아빠)는 인쇄된 글을 읽어 주고, 아이는 귀로 들으면서 전달되는 이야기를 시각적으로도 보기 때문에 그림책 읽기는 아이에게

극적인 경험이 됩니다. 아이가 즉각적이고 생생한 경험을 하게 되는 것이지요. 그러므로 그림책은 다른 이야기책과는 달리 영화나 연극과 같은 독특한 예술형식이라고 볼 수 있습니다.

예를 들어 안 에르보 작가가 쓰고 그린 『바람은 보이지 않아』(한울림어린이)를 살펴볼까요? 이 책은 눈에 보이지 않는 바람의 색을 찾아 나선 앞이 보이지 않는 소년의 이야기입니다. 작가는 어느 날 시각장애인 아이들의 질문 리스트에서 "바람은 어떤 색일까?"라는 물음을 보고 이 책을 기획하게 되었다고 합니다. 작가는 이 책을 읽는 독자들이 바람을 느낄 수 있도록 그에 꼭 알맞은 쪽수와 알맞은 판형, 알맞은 표지 두께를 고민했습니다. 이에 작가는 정사각형의 판형과 두껍지도 얇지도 않은 48쪽의 쪽수와 하드커버가 아닌 페이퍼백(소프트커버)의 표지를 만들었습니다.

이 책의 또 다른 특징은 손끝으로 다양한 질감을 느낄 수 있도록 다양한 장치를 마련해 놓았다는 점입니다. 독자를 생각하는 작가의 친절함이 그림책 곳곳에 스며 있습니다. '바람'이라는 뜻의 프랑스어

『바람은 보이지 않아』, 안 에르보 글·그림, 한울림어린이

'vent'를 점자로 표지에 새겨 넣고, 책장을 사르륵 넘겨 바람을 느껴 볼 수 있도록 손가락 지문을 찍어 손 위치를 알려 주고, 개의 털을 느낄 수 있게 결을 만들어 놓고, 소년이 비를 만나는 장면에서는 오톨도톨 작은 물방울무늬를 페이지 가득 쏟아져 내리게 하고, 소년이 기대어 앉은 나무에는 움푹움푹 들어간 나뭇결을 만들어 놓았습니다. 이렇듯 작가는 책의 특징이 잘 드러나도록 글과 그림뿐만 아니라 책의 판형, 표지, 쪽수, 종이 재질 등 많은 요소를 적절히 버무려 한 권의 그림책을 완성합니다. 그리고 독자는 이렇게 다양한 요소들이 어우러져 탄생한 작품을 읽으면서 특별함을 느끼는 것이지요.

오랜 기간 세대를 걸쳐 사랑을 받는 그림책들은 글이 말하는 이야기와 그림이 말하는 이야기가 서로 어우러져 이야기가 이야기답게 느껴진다는 공통점이 있습니다. 이런 책들은 이야기의 의미, 느낌, 예술성, 아이러니, 리듬, 역동성, 긴장감이 그대로 독자에게 전해집니다. 그 결과 독자는 책을 읽을 때 몰입하게 되고, 뒷이야기가 궁금해서 마지막 장까지 눈을 떼지 못하는 경험을 하게 됩니다.

그뿐만 아니라 책장을 앞뒤로 오가며 읽기도 하고, 글을 한 줄 한 줄 읽어 나가면서 "역시!", "아!" 하고 감탄하기도 하고, 이야기의 진행에 허를 찔린 듯한 감동까지 받습니다. 또한 책을 반복해서 읽고, 반복해서 읽을 때마다 그 전에는 미처 발견하지 못했던 인물의 매력이나 그림이 주는 메시지를 새롭게 찾고, 또 다른 의미를 발견하는 등 그림책은 지속적으로 독자의 마음을 사로잡습니다.

그림책은 인간 삶의 다양한 모습을 글과 그림으로 표현해 재미와 공감을 불러일으키며 아이부터 할아버지, 할머니까지 폭넓은 대상이 이해할 수 있는 책입니다. 현대의 독자들은 현대 그림책에 발맞추어 책의 특성을 이해하고 그림을 해석하는 능력을 갖춰야 할 뿐만 아니라 책 한 권에 세세하게 배치되고 압축되어 있는 메시지를 인식하며 책 안의 모든 요소를 꼼꼼히 살펴야 합니다.

그림책은 작가의 어린 시절의 경험과 성인이 된 작가가 바라보는 현재의 삶이 글과 그림으로 표현된 예술적 완성체라고 말할 수 있습니다. 그림책 작가 사노 요코는 "그림책은 인생에서 세 번은 꼭 읽어야 하는 책"이라고 말했습니다. 처음은 자신의 어린 시절에, 두 번째는 자녀를 키울 때, 마지막으로는 노년에 읽어야 한다는 것이죠. 그녀는 죽음을 앞두고 그림책 『하지만 하지만 할머니』(상상스쿨)를 모든 할머니에게 선물로 주고 싶다고 말했습니다. 그녀 자신이 늙고 보니 노년에 가장 아이다운 본성만 남고 이때 읽는 그림책이 인생의 정수가 된다는 것입니다. 이러한 이유는 그림책을 읽는 독자가 시공간을 뛰어넘어 공감, 위로, 삶의 지혜를 공유할 수 있기 때문이라고 생각합니다. 따라서 그림책은 꼭 어린이만을 위한 책이 아닙니다. 작가의 철학과 예술적 창의성이 반영된 그림책은 독자들이 여러 가지 생각을 할 수 있게 하며, 자기 안에 숨겨져 있던 어린이를 찾게 하기 때문입니다. 이러한 그림책의 특징을 이해한다면 엄마 아빠가 아이와 함께 그림책 읽기를 더욱 재미있게 할 수 있습니다.

# 3장

## 그림책을 읽어야 하는 이유

이야기는 인류가 시작된 이래 인류의 역사를 가꾸어 온 대표적인 문화 능력입니다. 롤랑 바르트<sup>Roland Barthes</sup>[1]는 이야기의 역사와 인류의 역사가 함께 시작되었다고 말합니다. 이는 이야기 없이 인간이 결코 존재할 수 없다는 걸 의미하지요. 인류가 문화와 역사 안에서 서로 영향을 주고받으며 삶의 무대인 이 세계를 이해하고, 다른 사람을 이해하고, 자신을 이해하는 출발이 되는 능력이 이야기라는 겁니다. '이야기하는 사람'이라는 의미를 지닌 호모나랜스<sup>Homonarrans</sup>[2]를 통해 알 수 있듯이 사람은 예나 지금이나 이야기를 하고 싶어 하

---

1 롤랑 바르트(1915~1980)는 프랑스 사상가이며 문학자이다. 문학 및 사회의 여러 현상에 숨어 있는 기호(의미) 작용을 분석하는 구조주의 기호학에 관심을 가졌으며, 기호학을 마르크스주의 시각에서 문학이나 대중문화에 적용했다.

2 디지털 공간에서 말하기 좋아하는 소비자를 이르는 신조어이다. 이들은 적극적으로 이야기를 찾아다니며 자신과 같은 소비자의 이야기(We Media)를 신뢰하고 기존 콘텐츠의 재구성을 즐기며 이야기 중심에 항상 '나'를 둔다는 특성이 있다.

는 본능을 가지고 있습니다. 시대와 공간을 초월해 모든 인간은 이야기를 통해 자신의 삶을 구성하며 타자와 더불어 살아가기 때문이죠. 인간은 결코 혼자 살 수 없는 존재입니다.

노에 게이치는 그의 저서 『이야기의 철학』(한국출판마케팅연구소)에서 인간을 '이야기하는 동물'로 명명합니다. 그는 "인간이 이야기하는 이유는 흐르는 시간 속에서 자신을 잃어버리지 않기 위한 본능적인 행위이다. 우리는 이야기를 통해 자신과 사회의 기억을 보존한다. 이런 기억이 역사이다."라고 설명했어요. 결국 인간의 삶 자체가 하나의 커다란 이야기가 되고, 역사는 나와 타인이 공동 저자인 이야기라고 할 수 있습니다. 그런데 우리가 살아가고 있는 이 세계는 매우 복잡하고 불확정적입니다. 따라서 우리가 이러한 세계를 이해하고 타인과 건강한 관계를 맺으려면 이야기 능력은 필수입니다.

이야기는 인간 삶에서 발생하는 다양한 경험을 기술한 것입니다. 인간은 매우 복잡한 자기 생각과 감정을 시·공간적으로 정리하고 배열하는 방법을 통해 기억합니다. 그리고 그런 생각과 감정을 이야기 방식으로 타인에게 전달합니다. 이야기는 인간이 자기 삶의 사건들을 해석하고 의미를 부여하는 사고방식 중 하나죠. 인간이 자신의 복잡한 생각과 감정을 아주 간단하게 표현할 수 있는 건 바로 이야기 구조를 알고 있기 때문입니다. 즉, 이야기는 인간이 삶을 전개하면서 발생시키는 무수한 사건들과 실제로 존재하는 것들이 의미를 형성해 나가는 방식입니다. 연구 결과에 따르면, 이야기는 전 세계 모든 문화에서 2세 무렵에 처음으로 나타나기 시작한다고 합니다.

아이들은 처음에는 단순한 구조로 된 이야기만 말하다가 자신의 경험을 언어로 말하고 전달하는 과정을 거치면서 일반적인 이야기 형태를 갖춥니다. 어릴 적부터 많은 이야기를 경험한 아이일수록 이야기 능력이 발달하지요. 인간은 어린이부터 노인까지 전 생애에 걸쳐 이야기를 만들고 소비하는 존재입니다. 이야기는 인간이 살아온 모든 시간과 공간에 존재하죠.

그럼 우리 아이에게 어떻게 이야기를 들려줄까요? 바로 글과 그림으로 이야기를 담고 있는 그림책이 아이에게 가장 적절하고도 유익합니다. 그림책은 상상력을 더욱 자유롭게 실현할 수 있는 꿈의 공간이자, 모든 이야기를 담을 수 있는 열린 공간이기 때문입니다. 그림책의 이야기를 이해한다는 것은 이야기에 담긴 삶을 이해하는 것입니다. 아이는 그림책 속 인물의 삶을 들여다보면서 삶에 의미를 부여합니다. 유아도 나름대로 자기 삶의 의미를 생각하게 되는 거죠. 등장인물의 삶과 자기의 삶을 연결하는 경험은 자기 성찰을 가능하게 합니다. 그리고 그림책에서 만나는 다양한 등장인물의 행위, 생각, 감정을 간접경험하며 타인과 세상을 이해합니다.

그림책에는 무수한 이야기가 담겨 있습니다. 그러니 이런 그림책을 읽는 것만으로도 아이는 수많은 세계를 여행하고 셀 수 없이 다양한 인간의 이야기를 들을 수 있습니다. 지금까지 경험하지 못한 세계를 알아 가며 등장인물의 경험을 간접적으로 경험하는 거죠. 아이에게 어떤 삶이 가치 있는 삶인지 어떻게 가르칠까요? 직접적으로 가르치지 않아도 그림책을 읽어 주는 것만으로 해결됩니다. 살다 보면 고난이 닥쳐옵니다. 이럴 때마다 삶의 문제를 어떻게 해결해야 할지 몰라 답답한 게 인생입니다. 타인의 도움을 받을 수는 있어도 마지막 결정자는 자신입니다. 자기 삶의 주인은 결국 '나'이기 때문입니다. 이런 이야기를 자녀에게 어떻게 설명하면 좋을까요? 아이와 함께 그림책을 읽으세요. 자녀에게 하고 싶은 무궁무진한 이야기를 그림책으로 전할 수 있답니다. 그림책은 복잡하고 미묘한 인간의 삶을 아주 간결하고 이해하기 쉽게 들려주니까요.

"친구랑 함께 놀고 싶니? 그럼 네가 먼저 말을 건네 봐." 백희나 작가의 『알사탕』(책읽는곰)은 주인공 동동이가 알사탕을 먹고 환상적인 경험을 하는 이야기입니다. 동동이에 대한 아빠의 사랑이 파도처럼 울리는 장면은 독자의 마음을 뭉클하게 만들지요.

"슬프면 실컷 울어!", "울고 나면 가슴이 뻥 뚫린단다." 서현 작가의 『눈물바다』(사계절)는 주인공이 설움에 북받쳐 눈물을 흘리는데, 그 눈물이 바다가 되어 온 세상이 잠겨 버립니다. 눈물바다에서 허우적거리는 부모님과 친구들을 구하고선 함박웃음을 짓는 아이의

『알사탕』, 백희나 글·그림, 책읽는곰
『눈물바다』, 서현 글·그림, 사계절

표정이 행복해 보입니다.

"주위에 도움을 청하는 것도 용기가 필요하단다." 최덕규 작가의 『거북아 뭐 하니?』(윤에디션)는 자신의 실수가 놀림거리가 될까 봐 전전긍긍하는 소심한 성격의 거북이가 주인공입니다.

"때로는 너만의 시간을 가져 봐. 그리고 너의 정체성을 찾아." 몰리 뱅 작가가 쓰고 그린 『기러기(원제: Goose)』는 안데르센의 『미운 오리 새끼』를 떠올리게 합니다. 작가는 독자의 예상을 벗어난 전혀 다른 이야기를 만들어 냈지요.

"아무리 어려운 일도 친구들과 힘을 합치면 문제를 해결할 수 있단다." 옛이야기에는 그 사회의 문화와 가치관이 스며 있습니다. 아이는 할머니를 잡아먹으려던 호랑이가 멍석, 절구, 지게, 자라에게 호되게 당하는 장면에서 아주 신이 나죠. 팥죽을 나눠 주는 마음씨 착한 할머니가 친구들의 도움을 받아 위기에서 벗어날 때 아이는 불안감에서 해방되고 승리감을 느낍니다. 백희나 작가가 그림을 맡고 박윤규 작가가 글을 쓴 『팥죽 할멈과 호랑이』(시공주니어)와 조대인

『거북아 뭐 하니?』, 최덕규 글·그림, 윤에디션
『기러기(원제: Goose)』, 몰리 뱅 글·그림

작가가 쓰고 최숙희 작가가 그린 『팥죽 할머니와 호랑이』(보림)는 같은 옛이야기이나 작가의 그림 기법과 서사 방식이 달라 함께 읽어 보길 추천합니다.

  인류는 4차 산업혁명 시대를 살아가고 있습니다. 이제 무엇을 배우고 어떤 일을 할지를 더욱 진지하게 고민해야 하는 시대입니다. 미래의 세상에서 살아남기 위해 우리는 어떤 역량을 갖추어야 할까요? 무엇보다 생각하는 힘을 키워야 합니다. 그림책은 아이의 사고력을 키우는 데 도움이 됩니다. 그림책은 독자가 글과 그림을 해석해야만 내용을 이해할 수 있는 책입니다. 독자는 단순히 글과 그림의 의미를 이해하는 데 그치지 않고 그림책에 등장하는 인물의 삶과 행위를 자신의 삶과 비교하며 깊이 살피고 반성하는 사고 과정을 거치게 되지요. 이처럼 그림책은 다양한 등장인물과의 만남을 통해 다양한 관점에서 인간을 바라볼 수 있게 해 줍니다. 따라서 그림책을 이해하는 것은 그림책에 등장하는 인물들의 삶을 이해하는 것이고 자기가 사는 세계를 이해하는 것입니다. 무엇보다 그림책이야말

『팥죽 할멈과 호랑이』,
백희나 그림, 박윤규 글, 시공주니어
『팥죽 할머니와 호랑이』,
조대인 글, 최숙희 그림, 보림

로 이야기를 글로도 전달하고 그림으로도 전달하니 아이는 흥미와 재미뿐만 아니라 현대사회에서 요구하는 시각적 리터러시도 배양할 수 있습니다.

뇌 과학자들은 연구를 통해 간접경험이 직접경험과 비슷한 뇌파를 형성한다는 걸 밝혀냈습니다. 따라서 그림책 읽기 과정을 통해 인물의 행위와 생각, 느낌을 경험한 유아는 주인공의 경험을 자기 것으로 만들 기회를 얻는 셈이죠. 예를 들어 그림책 속 주인공이 누군가에게 쫓기는 장면을 마주하면 아이는 엉덩이를 들썩거리면서 엄마 옆에 바짝 붙습니다. 그러고는 주인공에게 "빨리빨리 도망쳐."라고 외치죠. 마치 자신도 함께 쫓기고 있는 것처럼 보입니다.

인간은 모든 걸 직접 경험할 수 없습니다. 모든 걸 직접적으로 경험해야만 이야기 능력이 향상하는 건 아니라는 얘기죠. 만약에 직접 경험만이 이야기 능력에 영향을 끼친다면, SF, 추리, 환상적 이야기는 존재하지 않을 겁니다. 그리고 이런 이야기들이 작가가 직접 경험을 해야만 나올 수 있다면 얼마나 무시무시한 세상이 될까요? 또 얼마나 건조한 세상이 될까요? 그렇다면 그림책 작가들은 어떻게 경험하지 않은 일들을 그리 실감 나게 표현할 수 있을까요? 그 이유는 간접경험입니다. 이전 작가들이 배출한 수많은 이야기를 읽고 그 이야기와 자신의 상상을 추가해 새로운 이야기를 탄생시키는 것입니다. 다시 말해 작가만의 글이 창조적으로 산출되죠. 그렇기에 가능한 한 많은 이야기를 경험해야 합니다. 그것만이 유한한 시간과 육체를 뛰어넘을 방법입니다. 그러니 그림책을 읽을 때는 유아가 자신의 경험과 지식을 최대한 끌어내 자신만의 사고의 틀을 가지고 생각할 수 있도록 도와야 합니다.

그뿐만 아니라 그림책 읽기는 아이의 오감을 발달시킵니다. 그림책에서 맛있는 음식을 만드는 장면을 마주하면 뇌의 후각 피질 영역이 활성화되어 그림 속 음식의 냄새를 경험한다고 합니다. 그림책을 많이 읽은 아이는 분명 다릅니다. 그림책을 읽을수록 사고의 틀이 재구성되고 새롭게 구축되는데, 새로운 사고의 틀은 자신과 세상에 대해 깊고 넓게 생각할 수 있게 해 줍니다.

나카가와 리에코 작가가 쓰고 오무라 유리코 작가가 그린 『구리와 구라의 빵 만들기』(한림출판사), 이춘영 작가가 글을 쓰고 노인경 작가가 그림을 그린 『빵이 빵 터질까?』(웅진주니어)를 살펴보겠습니다. 두 그림책 모두 빵 만드는 과정을 보여 줍니다. 빵을 만드는 과정 자체를 즐거운 소꿉놀이처럼 풀어 나가기도 하고, 또 생활 속에서 당연하게 먹어 왔던 빵에 대한 궁금증을 풀어 주기도 하지요.

데이비드 위즈너 작가가 쓰고 그린 『1999년 6월 29일』(미래아이)

『구리와 구라의 빵 만들기』,
나카가와 리에코 글, 오무라 유리코 그림,
한림출판사

『빵이 빵 터질까?』,
이춘영 글, 노인경 그림, 웅진주니어

은 과학 실험을 계획한 한 소녀가 채소 씨앗을 심은 화분을 풍선에 매달아 하늘로 날려 보내는 장면으로 시작합니다. 그런데 한 달여가 지난 6월 29일, 놀라운 일이 벌어집니다. 하늘에 거대한 채소가 떠다니는데 그 크기가 『기네스북』에 오를 만큼 큽니다. 하늘에서 내려온 거대한 채소들이 온 나라를 뒤덮자 사람들은 브로콜리에 오두막을 짓고, 호박으로는 마차를 만들죠. 이런 상상을 어린 시절에 한 번쯤은 해 보았을 겁니다. 저도 어린 시절에 엄지 공주처럼 민들레 꽃잎에서 잠을 자고 삐삐처럼 침대를 타고 하늘을 나는 모습을 상상했었습니다. 데이비드 위즈너 작가의 사실적인 그림은 아이에게 놀라움을 주고, 아이의 상상력에 살아 움직이는 힘을 불어넣습니다.

인간은 비슷한 뇌를 가지고 태어납니다. 뇌는 가소성을 지니고 있는데, 가소성이란 해부학적으로 변할 수 있다는 뜻입니다. 사람의 뇌는 부족한 부분이 있으면 스스로 재정비를 합니다. 결국 자녀가 어떤 경험과 학습을 하고 자라는가에 따라 뇌가 완전히 달라집니다. '뇌를 어떻게 사용하는가?'는 곧 '어떤 생각을 하느냐?'입니다. 인간

『1999년 6월 29일』, 데이비드 위즈너 글·그림, 미래아이

은 책을 만들었고 책은 인간의 뇌를 더욱 발전시키고 있습니다. 다독多讀하는 습관은 뇌가 독서를 즐기는 뇌로 변해 책을 더 많이 읽게 하는 순환을 일으킨다고 합니다. 바로 독서의 선순환이죠. 헤르만 헤세는 인간이 자연에서 거저 얻지 않고 스스로 정신으로 만들어 낸 수많은 것 중 가장 위대한 건 책의 세계라고 말했습니다. 아이가 세계와 관계를 이루고 자기 삶을 현실과 조화롭게 만들기 위해선 보다 많은 이야기를 통해 세상에 대한 이해를 넓혀야 합니다. 그림책마다 다른 이야기가 담겼으니 이야기를 다양하게 접하기에 그림책만 한 것도 없습니다. 자녀에게 가장 좋은 선물은 바로 그림책입니다.

2부

# 그림책, 어떻게 읽어야 할까요?

우리는 그림책을 읽습니다. 읽는다는 것은 무엇일까요? 글자를 단순히 소리 내어 읽는 것을 말할까요? 그렇지 않습니다. 읽기란 글을 읽고 글이 지닌 의미를 파악하고 이해하는 것입니다.

그렇다면 그림책은 어떻게 읽어야 할까요? 그림책은 다른 책과는 다르게 글도 읽고 그림도 읽어야 합니다. 여기에서 끝나지 않습니다. 그림책은 본문의 글, 그림 외 주변 텍스트까지 읽어야 합니다. 왜냐하면 본문의 글, 그림뿐만 아니라 표지, 면지, 판형, 글자색, 글자 크기 등등의 주변 텍스트 및 요소에도 정보와 의미가 담겨 있기 때문입니다.

이처럼 글, 그림, 글과 그림 외의 주변 텍스트 및 요소까지 읽어야 온전하게 그림책 한 권을 이해했다고 할 수 있습니다. 따라서 독자는 글의 의미도 파악하고, 그림의 의미도 파악하고, 주변 텍스트의 의미도 파악하고, 글과 그림이 합쳐져 함께 드러내는 의미 또한 파악하며 이해해야 합니다. 그렇기에 그림책은 결코 쉽지도, 시시하지도, 만만하지도 않은 책입니다.

그림책을 읽는다는 것은 독자가 글과 그림을 통해 작가와 의사소통하는 과정입니다. 그림책의 글과 그림은 의미를 지닌 기호로 역할을 하기 때문입니다. 기호의 역할은 정보를 담고 있다는 의미와 같습니다. 이는 그림책 읽기가 글자를 소리 내어 읽는 단순한 활동이 아니라 그림책이 전하는 메시지, 즉 의미를 이해하는 과정임을 나타냅니다.

이에 그림책 읽기는 그림책의 전체적인 분위기를 이해해야 하고,

등장하는 인물의 행동, 생각, 느낌을 이해해야 하고, 사건을 알아채고 사건의 해결 과정을 이해해야 하고, 작가가 전하고자 하는 메시지를 이해해야 합니다.

그러므로 단순히 그림책을 소리 내어 읽어 주는 것에서 끝내서는 안 됩니다. 그림책이 담고 있는 내용과 분위기를 아이가 잘 파악할 수 있도록 안내해야 하지요. 다시 말해, 독자 스스로 능동적으로 의미를 구성할 수 있도록 지원해야 합니다. 독자가 그림에 담긴 의미를 제대로 파악하지 않고 글만 읽는다면 그림책이 표현하는 이야기 세계의 절반 이상을 놓치고 마는 것입니다. 이처럼 그림책은 어느 한 부분도 소홀히 해서는 안 됩니다.

책을 펼침과 동시에 글과 그림이 단짝을 이루고 있는 것처럼 글을 읽는 어른과 그림을 읽는 아이가 단짝이 되어 그림책을 읽는 것이 최상의 방법입니다. 어른이 글을 읽어 주면 어린 독자는 눈으로 그림을 읽으면서 귀로 이야기를 듣고 그 찰나의 순간에 이 둘을 합쳐 하나의 의미로 해석합니다. 이 과정에서 독자는 고도의 사고 활동을 하게 됩니다. 어른이 책이라는 물성을 펼쳐 들고 읽고, 넘기고, 이야기하는 순간, 어린 독자에게 그림책은 2차원이 아닌 눈앞에서 생생하게 살아 움직이는 가상의 세계가 되고, 얼마 전 내가 경험한 생생한 경험담이 되고, 내 친구의 이야기가 됩니다.

그렇다면 그림책 읽기 과정에서 그림책이 전하는 이야기를 잘 이해하려면 어떻게 해야 할까요? 읽기 과정에서 어른이 어떻게 도와주면 좋을까요? 이러한 질문에 도움이 되는 몇 가지 전략이 있습니다. 첫째, 내가 알고 있는 지식과 경험을 연결해서 이해하는 것입니다. 둘째, 표지와 읽기 과정 중간중간 내용을 예측해 보는 것입니다. 셋째, 읽기 후 이야기 내용을 회상하며 다시 말해 보는 것입니다. 넷째, 주어진 정보로 주어지지 않은 내용을 추리하고 추론하는 것입니다. 다섯째, 읽기 중 이해되지 않을 때 질문하게 하거나 적절한 발문을 하는 것입니다. 마지막으로 시각화, 즉 머릿속으로 이미지를 떠올려 보는 것입니다. 2부에서는 이 여섯 가지 전략을 조금 더 자세히 소개하겠습니다.

# 1장

## 내가 알고 있는 지식과 연결해 봐요

그림책은 책을 펼치기 전부터 읽는 독자에게 정보를 제공합니다. 가장 먼저 표지의 제목과 그림으로 정보를 제공합니다. 독자가 그림책이 주는 정보를 잘 이해하기 위해 자신이 알고 있는 지식과 과거에 경험했던 일들을 연결 짓는다면 내용을 이해하는 데 도움이 됩니다. 다시 말해, 독자는 그림책을 읽기 전 표지가 주는 정보를 이용해서 자신이 알고 있는 배경지식과 사전 경험, 또는 이미 읽은 다른 책들의 내용을 떠올리며 지금 읽는 그림책의 내용과 연결하는 것입니다. 부모는 우리 아이가 가지고 있는 경험과 배경지식이 어느 정도인지 알고 있음으로써 그림책의 제목이 주는 정보를 이용한 질문, 그림이 주는 분위기, 느낌과 연결 짓는 질문, 주제와 연결된 질문을 하는 것입니다. 물론 그림책 읽기 전뿐만 아니라 읽기 중에도 이야기의 내용에 맞게 독자의 배경지식과 경험, 다른 그림책과 연결하면 이해에 도움이 됩니다.

독자는 지금 읽고 읽는 그림책의 의미를 찾아 가는 과정에서 텍스트 외적 세계의 맥락적 요인들을 연결해 의미를 확장해 나갑니다. 그림책 읽기 과정에서 독자는 일차적으로 그림책의 글과 그림 속에 표현된 여러 가지 명시적 내용을 찾아내고, 이차적으로는 그러한 표현 내용이 어떻게 구조를 이루고 있는지 각 내용의 관계를 따짐으로써 이차적 의미를 만들어 냅니다. 그리고 최종적으로는 자신의 배경지식이나 상호 텍스트성[1]을 활용해 의미를 구성합니다.

특히 그림책에는 주제, 소재, 내용, 글의 구조, 가치관, 정서, 등장인물의 재등장, 그림의 시각적 특성, 글과 그림의 관계 등 여러 가지 측면에서 유사한 텍스트가 많이 존재합니다. 그러므로 독자가 이전에 경험했던 유사한 텍스트를 떠올려 현재 읽고 있는 텍스트와 연결 짓는다면 독자는 텍스트의 의미를 좀 더 잘 이해하게 됩니다. 이에 이전에 경험한 텍스트에 따라 그림책의 의미 구성은 독자마다 다르게 나타납니다. 같은 책을 읽고도 독자마다 반응이 다르게 나타나는 이유입니다.

아이가 어려서 별다른 사전 지식이 없다면 아이들이 경험해 보았거나, 어디서 본 적이 있거나, 봄 직한 내용을 골라 읽어 주는 것도 좋습니다. 즉, 그림책 읽기 과정에서 그림책의 내용과 관련 있는 경험을 떠올려 볼 수 있도록 질문을 하거나 이야기를 할 수 있는 기회를 준다면 지금 읽고 있는 그림책을 더욱 분명하게 이해할 수 있습

---

1 주어진 어느 한 텍스트가 다른 텍스트들과 맺고 있는 관계를 말한다.

니다. 또는 지금 읽고 있는 그림책의 내용과 관련 있는 다른 그림책을 기억해 내도록 유도하는 방법도 있습니다. 그림체나 작가의 이름을 통해 지금 읽고 있는 그림책 작가의 다른 책을 떠올려 본다거나, 비슷한 제목을 떠올려 본다거나, 그림책의 주제와 비슷한 주제의 그림책을 함께 읽어 보는 것도 좋은 방법입니다.

사실 어떻게 읽어도 좋습니다. 아이와 함께 그림책을 읽는다는 사실만으로도 의미가 있습니다. 하지만 이왕이면 우리 아이의 이해를 좀 더 돕기 위해 아이가 경험했던 일이나 일상생활에서 일어나는 어떤 일들과 연결하면 더 좋다는 뜻입니다. 이 과정에서 아이가 어른과 자연스럽게 상호작용을 함으로써 활발한 사고 작용이 가능해지기 때문입니다.

다시 말해, 어른이 그림책 읽기 과정에서 아이들에게 지금 읽고 있는 그림책과 아이가 경험한 삶의 일부, 또는 읽었던 다른 텍스트의 내용과 연결되는 질문이나 이야기를 함으로써 좀 더 이해를 쉽게 한다는 것입니다. 어른의 질문이 그만큼 중요하다는 말과 같은 맥락이죠. 이런 부분이 아이 혼자 책 읽기와는 차원이 다르게 만듭니다.

"○○이도 주인공과 비슷한 일을 경험한 적 있니?", "이 부분은 무엇을 생각나게 하니?", "○○이는 이와 비슷한 이야기를 텔레비전이나 영화로 보거나 다른 책에서 읽은 적이 있니?", "그때는 어떻게 되었니?", "○○이가 알고 있는 내용과 이 책에서 읽은 내용은 어떤 점이 닮은 것 같아(또는 어떻게 다른 것 같아)?", "○○이가 알고 있는 척의 주인공과 이 책의 주인공이 비슷해? 어느 책의 주인공이 더 맘에 들어? 어떤 점에서 그렇지?", "이 책에 나오는 문제와 비슷한 문제가 일어나는 책이 있니?" 등을 질문할 수 있습니다. 또는 배경이 되는 장소에 가 본 적이 있는지, 가 봤다면 그곳에서 어떤 일이 있었는지, 어디서 본 적이 있는지 등을 질문할 수도 있습니다.

아이들은 스스로 상호 텍스트적 관련짓기를 하고, 그림에서 아이디어를 생각해 내고, 등장인물의 감정이나 행동을 해석하려고 끊임없이 상호 관계 짓기를 합니다. 이 관계 짓기를 하기 위해 아이 또한 계속해서 반응을 보입니다. 이때 아이가 보이는 반응에 끊임없이 반응을 해 주어 아이의 해석을 도와야 합니다. 아이의 반응에 좀 더 나아가 확장 질문을 한다면 "이 책을 읽으면서 왜 그런 것들이 떠올랐니?", "○○이가 알고 있는 내용과 어떤 부분이 비슷하니?", "또 이 책과 비슷한 책을 알고 있니?" 등을 물을 수 있습니다.

존 셰스카 작가가 쓰고 스티브 존슨 작가가 그린 『개구리 왕자 그 뒷이야기』(보림)를 살펴보겠습니다. 우리가 알고 있는 『개구리 왕자』는 마법에 걸린 개구리 왕자가 공주에게 입맞춤을 받은 뒤 원래대

『개구리 왕자 그 뒷이야기』, 존 셰스카 글, 스티브 존슨 그림, 보림

로 왕자로 변해 행복하게 산다는 내용입니다. 이 책『개구리 왕자 그 뒷이야기』는 제목 그대로『개구리 왕자』이야기를 알고 있다는 전제하에 시작하는 아직 끝나지 않은『개구리 왕자』이야기입니다. 이 책은 왕자와 공주가 결혼한 뒤, 사실은 행복하지 않았다며 이야기를 시작합니다. 행복하지 않은 개구리 왕자는 다시 예전처럼 개구리 모습으로 돌아가기 위해 마녀들을 하나둘 찾아다닙니다. 그 과정에서 왕자는 공주가 자신을 진심으로 사랑했다는 사실을 깨닫고 공주에게 입을 맞춥니다. 그리고 곧 둘은 개구리로 변해 행복하게 산다는 내용으로 끝이 납니다. 이 그림책을 읽을 때에는 다음과 같은 질문을 할 수 있습니다.

"제목이 왜 '개구리 왕자 그 뒷이야기'일까?", "『개구리 왕자』이야기를 알고 있니?", "안다면 어떤 내용이야?", "두꺼운 이 책의 표지에는 이런 제목이 쓰여 있네. 왜 그런 거 같아?", "왕자는 숲속에서 만난 사람들이 마녀라는 것을 어떻게 알았을까?", "책 속 마녀들을 보고 떠오르는 이야기책들이 있니?", "왕자는 왜 12시에 마차에서 다시 사람으로 변했지?", "이 책을 읽고 떠오르는 비슷한 내용의 이야기책이 있니?" 여기에 제시한 질문들을 모두 하라는 것은 절대 아닙니다. 아이의 나이, 경험, 상황에 맞추어 적절하게 질문하는 것이 좋습니다. 아이에게 너무 많은 질문을 하면 오히려 책 읽기에 대한 흥미를 떨어뜨릴 수 있습니다. 이 책을 통해 무엇을 가르쳐야겠다는 목적이 있거나, 이 책에서 이것만은 우리 아이가 알면 좋겠다는 등의 의도가 있는 질문은 지양해야 합니다.

## 2장

## 어떤 내용일지
## 예측해 봐요

　아이와 함께 그림책을 읽을 때의 상황을 떠올려 보세요. 가장 먼저 하는 일은 무엇인가요? 표지를 살피나요, 아니면 제목을 읽음과 동시에 본문의 내용을 읽어 주나요? 보통은 제목부터 읽고 본문 내용을 읽게 됩니다.

　이때 본문 내용을 읽기 전 아이들과 함께 반드시 해야 할 일이 있습니다. 물론 읽기 전뿐만 아니라 읽기 중, 읽기 후에도 할 수 있는 일입니다. 바로 '예측하기' 활동입니다. 예측하기란 다음에 일어날 일이나 상황을 미리 짐작하는 것을 말합니다. 즉, 그림책을 읽기 전에 내용을 예측해 보는 것이지요. 표지에 인물이 그려져 있으면 인물이 보여 주는 분위기를 살피며 인물의 성격, 나이, 성별 등등을 예측해 봅니다.

　예측하기는 앞으로 접하게 될 이야기를 미리 헤아려 짐작하는 것이므로 내가 생각한 것과 다를 수도 있습니다. 예측이 빗나갔다면 내 생각을 재구성할 기회를 얻습니다. 특히 요즘에는 작가들이 표지에 많은 정보를 담아 놓습니다. 그래서 그 정보를 이용해 책의 내용을 예측해 볼 수 있는 여지가 많습니다. 제목을 읽으며 내용을 예측해 보고, 그림을 보며 배경과 성격, 분위기 등을 예측해 봅니다.

독자는 보통 책 표지의 제목과 그림을 보고 '이 책은 어떤 내용일까?', '이런 내용이 아닐까?' 예측하고 짐작합니다. 그림책을 읽을 때도 마찬가지로 아이들에게 책 표지를 보고 예측과 짐작을 말해 보게 합니다. 그림책 읽기 과정에서 예측하기는 그림책의 내용을 이해하는 데 매우 유용한 활동이라고 할 수 있습니다.

아이는 그림책을 읽고 있는 동안 글과 그림 등의 정보를 통해 끊임없이 다음 내용을 예측하고, 결말을 예측하고, 뒷이야기를 예측할 수 있습니다. 그리고 그 예측을 바로 확인할 수 있어 더 재미있습니다. 예측하는 과정에서 자연스럽게 이야기 짓기도 가능해집니다.

아이와 함께 그림책을 읽기 전 표지의 글과 그림을 통해 전체 내용을 예측해 보고, 읽고 난 뒤 읽기 전과 후의 바뀐 생각을 비교해 말해 볼 수 있도록 합니다. 또는 읽기 중이나 읽기 후에 "다음에는 무슨 일이 일어날 것 같니?", "이 단어나 내용은 무엇을 뜻할까?", "그동안 무슨 일이 있었을까? 왜 그렇게 생각했어?", "○○이가 내린 예측을 어떻게 확인할 수 있었니?", "무엇이 ○○이의 예측을 도왔니?" 등의 예측 가능한 질문을 할 수 있습니다.

이어서 살펴볼 책은 앤서니 브라운 작가가 쓰고 그린 『터널』(논장)입니다. 이 책은 방에 틀어박혀 책 읽기를 좋아하는 여동생과 밖에서 뛰어놀기를 좋아하는 오빠 이야기입니다. 성격이 너무나 다른 둘은 마주치기만 하면 티격태격 싸웁니다. 화가 난 엄마는 "같이 나가서 사이좋게 놀다 와!"라며 남매를 밖으로 내보냅니다.

쓰레기장으로 간 오빠는 투덜거리고 동생은 낯선 환경에 무서워합니다. 그러다가 둘은 터널을 발견합니다. 오빠는 말리는 동생을 아랑곳하지 않고 터널 안으로 들어가고, 동생은 아무리 기다려도 돌아오지 않는 오빠를 찾으러 용기 내어 터널로 들어갑니다. 그리고 돌처럼 굳어 있는 오빠를 발견하지요. 동생은 달려가 오빠를 안아 줍니다. 오빠도 뒤돌아 동생을 꼭 안아 줍니다. 이렇게 둘만의 비밀을 갖게 된 남매는 화해하고 행복한 웃음을 짓습니다.

이 책의 겉표지를 보고 내용을 예측해 보도록 이끌어 주는 질문으로는 "앞표지와 뒤표지에는 무엇이 있니?", "이건 무슨 터널일까?", "터널로 들어가고 있는 친구는 누구일까?", "왜 들어가고 있을까?", "터널 입구에 있는 책은 누구의 것일까?", "왜 여기에 펼쳐져 있을까?", "어떤 책인지 알 수 있겠니?", "(앞뒤 면지를 번갈아 보여 주며) 두

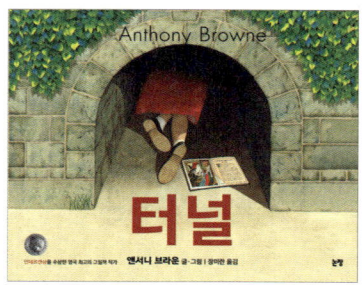

『터널』, 앤서니 브라운 글·그림, 논장

면지의 다른 점을 찾아 볼까?", "왜 달라진 것 같아?", "(책의 그림을 죽 보여 준 뒤) 그림을 보니 어떤 내용 같아?" 등이 있습니다. 이렇기 그림책의 본문을 읽기 전에 표지나 본문의 그림을 훑어보며 예측하기 활동을 하면 좋습니다.

# 3장

## 읽기 후 이야기
## 내용을 요약해 봐요

아이와 함께 그림책을 읽습니다. 재미있게 다 읽었습니다. 그다음에 이 책에 대해 아이와 나눌 수 있는 이야기는 무엇일까요? 방금 읽은 책에 대해 꼭 이야기를 나누어야 하는 것은 아닙니다. 어쩌면 조금은 숙제 같기도 하고, 부담스러울 수도 있습니다.

그래도 아이와 함께 그림책을 다 읽고 나서 자연스럽게 지금 읽은 내용을 상기시키며 이야기 내용을 요약하는 활동을 해 보세요. 이를 '이야기 다시 말하기' 활동이라고 합니다. 그림책을 읽고 난 뒤 방금 읽은 그림책의 내용을 최대한 기억해 내며 이야기를 해 보는 것입니다. 이야기 다시 말하기 활동은 아이가 내용을 기억하고 이해하는 데 도움이 됩니다.

또는 그림책의 내용을 요약해 봅니다. 이러한 '내용 요약하기' 활동은 텍스트에서 반복되거나 중요하지 않은 내용을 추려 내고 중요한 내용만 모아 내용을 간결하게 정리하는 것을 말합니다. 책의 주제와 핵심 내용을 정리하는 데 효과가 있습니다. 요약하기는 방금 읽은 책에서 중요한 내용을 간추리는 인지적 전략으로, 텍스트의 중요 정보를 더 조직적이고 간결하게, 더 응집성 있게 처리함으로써 텍스트에 대한 이해, 기억, 인출을 돕는 역할을 합니다.

즉, 독자는 듣고, 보고, 읽은 내용을 중심으로 이야기를 다시 한번 상기하면서 다시 말하기와 요약하기 활동을 함으로써 주변 내용과 핵심 내용을 더욱 분명하게 알게 됩니다. 또한 그림책의 핵심 내용과 주변 내용을 구별해 간결하게 말하는 데에도 도움이 됩니다. 이때 아이들이 단순히 기억한 내용을 말하기보다는 제 생각을 보태 이야기를 할 수 있도록 이끌어 주면 좋습니다.

그룹으로 그림책 읽기 활동을 할 때는 아이들이 이야기 내용으로 다시 말하기와 요약하기를 할 수 있도록 대표자가 도와주는 것이 좋습니다. 친구의 이야기를 들으면서 자신 또한 다시 한번 내용을 상기할 수 있고, 미처 생각하지 못한 부분을 떠올리고 생각해 볼 기회를 얻을 수 있습니다. 이때 아이 개개인은 자기가 가장 중요하게 생각했던 부분, 즉 가장 기억에 남는 장면 위주로 이야기를 요약합니다. 따라서 자신과 다르게 생각하는 친구들의 중심 내용을 들을 수 있는 좋은 경험이 됩니다.

아이들은 지금 읽고 있는 그림책의 내용을 이야기 흐름에 맞게 중요한 내용과 중요한 장면과 중요한 단어로 기억합니다. 처음부터 끝까지 이야기의 흐름에 맞춰 이야기를 요약하기 힘든 친구들은 기억한 단어 위주로 이야기를 해 보게 한 다음, 그 단어를 시간의 순서에 맞게 나열하고 단어에 살을 붙여서 이야기를 다시 만들어 보는 활동을 하면 좋습니다.

좀 더 나아가 주요 사건을 연결해 볼 수 있도록 하고, 요약한 내용을 다시 말해 볼 수 있도록 하고, 이야기의 처음, 중간, 마지막 부분을 다시 말해 볼 수 있도록 하고, 이야기의 분위기를 전체적으로 말해 볼 수 있도록 하는 것도 좋습니다. 이 모든 과정은 그림책을 좀 더 잘 이해하기 위한 읽기 방법입니다.

조경희 작가가 쓰고 그린 『엄마 자판기』(노란돼지)입니다. 이 책은 엄마랑 놀고 싶은 신우의 이야기입니다. 엄마와 놀이공원에 가고 싶은 신우. 하지만 엄마는 토요일까지 바쁩니다. 토요일 아침, 바쁜 엄마는 늦잠을 자고 싶어 하는 신우를 일찍 깨웁니다. 그리고 산더미 같은 김밥과 산더미 같은 오늘 해야 할 일을 신우에게 남기고 바쁘게 출근을 합니다. 신우는 엄마가 시킨 일을 모두 끝내고도 심심합니다.

엄마는 퇴근해서까지 이것저것 하지 말아야 할 일과 해야 할 일

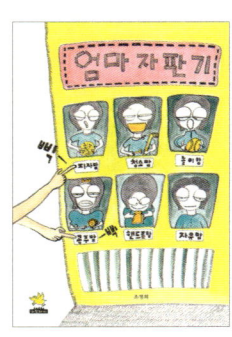

『엄마 자판기』, 조경희 글·그림, 노란돼지

에 관해 이야기합니다. 신우는 자기 맘도 몰라주는 엄마가 없어졌으면 좋겠습니다. 그런데 잠에서 깨어나 보니 정말 엄마가 없습니다. 대신 말하는 엄마 자판기가 있습니다. 신우는 엄마 자판기의 다양한 엄마들과 신나게 놉니다. 엄마와 놀고 싶은 놀이 욕구를 꿈속에서 충분히 해소하고 돌아온 신우는 다음 날 큰 소리로 엄마에게 놀러 가자고 말합니다.

이 책을 읽고 내용을 요약해 보도록 다음과 같은 질문을 할 수 있습니다. "이 책의 내용을 다시 이야기해 줄 수 있겠니?", "이 책에서 가장 기억에 남는 단어가 무엇이야?", "왜 그 단어가 기억에 남아?", "이 책의 작가가 우리에게 하고 싶은 말은 무엇일까?", "엄마는 왜 신우랑 놀이공원에 갈 수 없었던 걸까?", "신우는 왜 엄마가 없어졌으면 좋겠다고 했을까?" 등입니다.

# 4장

## 주어진 정보로 주어지지 않은 내용을 생각해 봐요

　그림책 읽기 과정에서 또 하나의 읽기 전략은 주어진 정보로 주어지지 않은 정보를 추리하고 추론하는 것입니다. 사전적 의미로 '추리'는 '알고 있는 것을 바탕으로 알지 못하는 것을 미루어서 생각하는 것'이고, '추론'은 '이미 알려진 정보를 근거로 삼아 다른 판단을 이끌어 내는 것'입니다. 그림책은 추리하고 추론할 여지가 아주 많은 책입니다.

　그림책은 16장, 32쪽 내외로 구성됩니다. 한정된 쪽수 안에서 기승전결의 이야기가 펼쳐지지요. 그렇기에 장면 장면에 독자가 채워야 하는 공란이 존재합니다. 그림책은 본문에서 글과 그림 외에 보이지 않는 공란으로도 독자에게 이야기를 합니다. 이 공란은 독자가 생각하고 상상해서 채워야 하는 부분입니다. 즉, 추리하고 추론해야 할 부분을 말합니다.

　그림책에서 독자가 채워야 할 공란이 많다는 것은 독자가 생각하고 상상해야 할 여지가 많다는 것과 같습니다. 그림책의 공란은 독자에 따라 그 해석이 달라집니다. 독자의 배경지식에 따라 공란을 추리하고 추론하는 능력이 저마다 다르기 때문입니다.

작가들은 의도적으로 그림책의 글과 그림이 표현하는 이야기 단에 모든 것을 말하지 않으며, 모든 것을 말할 수도 없습니다. 따라서 독자는 작가가 제공하는 정보 사이사이의 공란을 각자의 경험과 지식으로 채워 넣으면서 전체적인 이야기를 스스로 완성해 나가야 합니다. 그리고 그림책은 장면과 장면이 단절되어 보이지만 독자의 자연스러운 '사이' 채움을 통해 연속적이고 연결된 이야기로 인식됩니다. '사이'는 장면과 장면의 사이뿐만 아니라, 글과 그림의 사이, 그림책과 독자의 사이, 주변 텍스트와 본문의 사이, 즉 독자가 채워야 할 많은 공란에 해당합니다.

독자는 글과 그림의 서로 다른 이야기로 생기는 공란을 추론하는 것뿐만 아니라, 글과 그림이 전하는 불확실한 정보에 따른 공란을 추리하고 추론해야 하는 과제를 안고 그림책을 읽습니다. 따라서 그림책 읽기 활동을 할 때 같은 상황에 있는 여러 등장인물의 생각이 각각 어떠한지, 또는 등장인물은 모르는데 화자는 알고 있는 것은 무엇인지, 어느 등장인물은 아는데 다른 등장인물들은 모르는 것은 무엇인지를 물어보는 것은 추리·추론에 있어서 매우 중요합니다.

그림책 읽기 과정에서 어른들은 아이들에게 끊임없이 보이지 않는 공란을 채울 수 있도록 생략된 부분과 숨겨진 정보를 찾고, 글과 그림에서 단서로 드러나지 않은 내용을 추리하고, 등장인물의 행위와 표정으로 감정을 추론하고, 이야기의 분위기와 상황 등을 추론할 수 있도록 도와야 합니다.

글이 하지 않은 이야기를 그림으로 이해하거나, 그림이 하지 않은 이야기를 글로 이해하는 과정에서 글과 그림 외의 공란을 통해 추리·추론하는 과정은 그 의미를 더 정확하고 풍부하게 이해할 수 있게 하는 읽기 방법입니다. 독자는 추론하는 과정에서 더 큰 재미를 느낍니다.

존 클라센 작가가 쓰고 그린 『내 모자 어디 갔을까?』(시공주니어)입니다. 이 책은 잃어버린 모자를 찾는 곰의 이야기입니다. 곰은 길을 걸으며 만나는 동물들에게 자신의 모자를 보았냐고 묻습니다. 동물들은 모두 곰의 물음에 시큰둥하게 답합니다. 토끼만 빼고요. 토끼는 지나치게 화를 냅니다. 모자를 찾지 못해 실망한 곰에게 사슴은 모자가 어떻게 생겼는지 묻습니다. 이 과정에서 모자의 생김새를 떠올리던 곰은 조금 전 길에서 마주쳤던 토끼가 자기 모자를 쓰고 있었다는 사실을 깨닫고 뛰어가 토끼와 마주합니다. 얼마 뒤 모자를 되찾아

『내 모자 어디 갔을까?』, 존 클라센 글·그림, 시공주니어

쓴 곰은 모자 쓴 토끼를 봤냐고 묻는 다람쥐에게 지나치게 화를 내며 못 봤다고 대답합니다.

이 책을 읽고 나서 추리하고 추론해 보도록 다음과 같은 질문을 할 수 있습니다. "모자를 잃어버린 곰의 기분은 어땠을까?", "동물들의 눈동자 기억하니?", "왜 눈을 마주치지 않고 이야기를 할까?", "토끼가 하는 말만 왜 빨간색일까?", "왜 토끼는 화를 내며 대답을 했을까?", "곰이 모자의 행방을 알아챈 부분만 왜 배경이 빨간색일까?", "토끼는 어떻게 되었을까?", "그 모자는 정말 곰의 것일까?", "곰은 왜 그렇게 화를 내며 대답했을까?", "이때 대답하는 곰의 모습은 토끼가 화를 내며 답하는 모습과 같던데 왜 토끼처럼 빨간색이 아닐까?", "곰이 마지막에 하는 말은 진실일까, 거짓일까?", "왜 그렇게 생각하니?" 등입니다.

그림책 읽기는 단순히 내용을 파악하거나 글 내용의 명시적 의미를 아는 수준에서 끝나는 것이 아니라, 추리와 추론을 하면서 표면적 내용을 파악하는 수준을 넘어 해석하고, 상상하고, 의미를 확장해 내면화하는 과정이 되어야 합니다. 이러한 과정을 통한 그림책 읽기가 곧 심미적 문학 경험으로 이어지기 때문입니다.

## 5장

## 읽기 중 이해되지 않을 때 질문해 봐요

그림책 읽기 과정에서 '아이가 지금 이 책을 이해하며 읽고 있을까?', 또 그림책을 다 읽은 후에 '이 책의 내용을 이해했을까?', '이 책의 주제를 파악했을까?', '작가의 메시지를 전달받았을까?'라는 궁금증이 일기 마련입니다. 이럴 때 직접적으로 아이에게 "이 책의 주제가 뭐야?", "이 책을 이해했니?"라고 물어보시나요?

혹시 그림책 읽기 과정에서 아이가 질문하지 않았나요? 아니면 아이가 질문하도록 유도해 본 적은 있나요? 아이가 그림책 읽기 과정에서 질문을 했다면 아이는 지금 읽고 있는 책을 어느 정도 이해했다고 볼 수 있습니다. 아이의 질문은 '나는 지금 이만큼 이해했어요.'라는 신호입니다.

아이들은 그림책 읽기 과정에서 글 이야기뿐만 아니라 그림이 말하는 이야기가 이해되지 않을 때 질문하고, 책장을 다시 앞으로 넘기길 원하고, 이해되지 않는 장면에 오래 머무르는 등의 행동을 합니다. 이는 아이가 스스로 자신의 이해 과정을 조정하는 과정이라고 할 수 있습니다. '어! 이상하네? 내가 지금까지 이해한 것과 다르잖아.'라고 생각하는 것이지요.

자신이 지금 읽고 있는 책의 내용을 이해하지 못했거나, 내용 이해에 오류가 생겼거나, 혼돈을 예방하기 위해 다시 한번 내용을 회상하며 이해를 확인하려고 할 때 아이는 질문을 합니다. 따라서 아이가 질문하도록 이끌어 주는 것은 적극적인 읽기에 도움이 되는 방법입니다.

'질문하기' 활동은 책을 읽고 있는 아이 스스로 질문을 구성하는 것입니다. 아이의 질문에 한 번 더 생각해 보게끔 해서 아이가 스스로 질문에 답하도록 하는 것이 바람직합니다. 질문에 답을 하려면 자신이 가지고 있는 배경지식을 많이 활용해야 합니다. 자신의 이전 경험과 배경지식을 활용해서 질문에 답을 하는 것이지요.

어른은 그림책 읽기 과정에서 편안하고 허용적인 분위기를 만들어 아이가 책을 읽다가 궁금한 점이 있으면 언제고 스스럼없이 묻도록 해야 합니다. 이러한 과정에서 자신이 이해하지 못하고 있다는 걸 알아채고 이를 조정하려고 하는 것은 매우 상위의 인지적 활동이므로 적극적으로 권장해야 합니다.

다시 말해 아이들은 책이 전하는 의미를 명확하게 이해하기 위해 질문을 하거나 질문에 답을 합니다. 질문은 아이 스스로 만들거나, 함께 읽는 책 읽기 과정에서는 또래 친구나 어른에 의해 생성되기도 합니다.

모든 책 읽기 과정에서 아이들이 궁금한 점을 언어적으로 나열해 표현할 수 있도록 해야 합니다. 아이들은 질문을 통해 세부 내용을 기억하고, 등장인물과 배경, 분위기를 알고, 사건의 순서와 인과관계를 연결하며 이해를 하기 때문입니다. 예를 들면, 읽기 과정에서 표현하는 "어? 이거 아닌데!", "어디 간 거지?", "어디 가는 거예요?", "이건 누가 보고 있는 거예요?", "왜 이렇게 됐어요?", "이게 뭐예요?", "꿈이었어요?" 같은 질문들이지요. 이처럼 아이들은 그림책을 읽는 과정에서 이해하지 못한 부분을 스스로 질문하며 책이 전하는 의미를 명확히 알아채게 됩니다.

# 6장

## 머릿속으로 상상하고
## 그림을 그려 봐요

현대는 이미지 시대입니다. 많은 것을 이미지화해 표현합니다. 우리는 일상에서 많은 이미지와 마주칩니다. 많은 이미지 중 유난히 눈길을 사로잡는 이미지가 있습니다. 이러한 이미지는 기억에 오래 남습니다. 그리고 우리는 눈길을 사로잡는 이미지와 연관 지어 다른 이미지를 떠올리거나 생각의 가지를 펼칩니다. 그만큼 이미지는 그 어떤 글보다 우리의 머릿속에 강렬하게 남습니다.

아이들은 글보다 그림을 먼저 읽습니다. 아이들이 어른보다 그림 읽기가 더 잘된다는 이야기이죠. 이러한 장점을 최대한 살려 그림책을 이해하는 방법이 '시각화하기' 활동입니다. 시각화하기란 그림책의 내용과 관련해 이미지를 생성하는 방법입니다. 쉽게 말해, 그림책의 장면들을 머릿속으로 그림 그려 보는 것이지요.

시각화하기는 특히 아직 글 읽기가 능숙하지 못한 유아들이 사용하기 아주 좋은 읽기 방법입니다. 그림책은 장면과 장면이 여러 개

이어져서 하나의 이야기로 완성됩니다. 그 장면들 중 특히 기억에 남는 장면이 있기 마련입니다. 독자는 읽기 과정에서 내용상 중요한 장면이 아니더라도 자신이 좋아하는 동물이 나오는 장면이나 자신이 경험했던 일과 비슷한 내용의 장면, 자신도 한 번쯤은 상상해 봤던 장면, 평상시 꿈꿔 왔던 장면 등 나만의 특별함으로 기억되는 장면을 만나기 마련입니다. 이렇게 책을 읽다가, 또는 읽은 후에 책 속에 있는 중요한 장면 하나를 마음속으로 그려 보도록 하는 방법이 바로 시각화하기입니다.

이때 구체적으로 그 장면에 어떤 것들이 떠오르는지, 왜 그것이 떠오르는지 대답을 자연스럽게 유도할 수 있습니다. 이러한 과정은 그림책에 제시된 정보들을 시각적으로 표현해 봄으로써 텍스트에 대한 이해와 기억을 촉진할 뿐만 아니라 좀 더 중요한 장면을 잘 기억해 내게 해 줍니다.

내용의 이해만을 이야기하는 전통적인 표상 활동이 아닌 시각화하기는 독자에게 텍스트의 중요 정보와 세부 정보와의 관계를 전체 속에서 시각적으로 파악할 수 있도록 안내하는 역할을 합니다. 다시 말해, 그림책 읽기 과정에서 독자가 텍스트에 대한 상황, 공간, 인물, 그리고 색상과 분위기를 시각적으로 상상해 보는 것입니다.

그림책 읽기는 단순히 글과 그림을 읽고 보고 끝나는 것이 아닙니다. 그림책을 읽은 아이가 방금 읽은 내용을 있는 그대로 받아들이고 책을 덮는 것으로 끝내지 않고 책이 주는 정보를 바탕으로 추리와 추론을 보태고 상상력을 동원해 능동적으로 이해를 새롭게 하도록 해야 합니다. 이때 장면을 시각화하는 것은 또 다른 상상으로 이어 갈 수 있는 영감을 제공해 줍니다. 환상은 터무니없고 실현 불가능하고 허무맹랑한 생각들을 자유롭게 떠올려 보는 것이고, 이러한 환상을 이미지화해서 떠올리는 것이 바로 상상입니다.

이때 상상은 본 것을 바탕으로 머릿속에 이미지화됩니다. 이러한 상상은 실현 가능한 일로 만들어 볼 수 있는 계기를 마련해 줍니다. 판타지 영화나 소설, 만화, 게임 등이 되는 것이지요. 상상력이 부족하면 환상의 세계를 만들기 어렵습니다. 따라서 그림책을 통해 많은 상상을 할 수 있도록 머릿속으로 그림을 그려 보는 활동은 매우 중요합니다. 상상할 거리를 만들어 주는 것이야말로 창조력의 원조가 되고, 이는 앞으로 미래 사회를 살아갈 우리 아이들에게 중요한 자양분이 될 것입니다.

그림책을 읽는 과정에서 특정 장면의 이미지를 그려 보거나 소그룹 안에서 그림을 공유하고 자신만의 해석과 이유에 관해 설명해 보게 합니다. "앞표지와 뒤표지에는 무엇이 있니?", "이곳은 어디일까?", "무엇을 보고 그렇게 생각했니?", "가장 중요하다고 생각한 장면을 골라 볼래?", "왜 그 장면이 중요하다고 생각하니?", "이 문장을 볼 때 ○○이의 머릿속에 떠오르는 이미지는 무엇이니?", "이 브분을 읽는 동안 ○○이가 머릿속으로 상상한 이미지가 무엇인지 설명해 줄 수 있니?", "머릿속에 있는 그림들이 내용을 이해하는 데 어떻게 도움이 되었니?" 등의 질문으로 그림의 조형적 요소를 떠올리게 하거나, 이미지에 숨겨진 의미나 메시지를 찾을 수 있게 하거나,

그림을 보고 이야기 내용을 예측하게 하거나, 중요한 장면을 생각해 내고 그 이유에 대해 말하게 하거나, 이야기 장면을 그림으로 표상하게 할 수 있습니다.

오게 모라 작가가 쓰고 그린 『할머니의 식탁』(위즈덤하우스)은 할머니가 스튜를 만들어 동네 사람들과 함께 나누며 느끼는 기쁨과 그러한 나눔에 감사하는 동네 사람들의 마음을 잘 표현한 그림책입니다. 할머니는 저녁으로 먹을 토마토 스튜를 만듭니다. 토마토 스튜의 맛있는 냄새가 온 동네로 퍼집니다. 이 스튜 냄새에 이끌려 꼬마가 할머니 집으로 찾아옵니다. 할머니는 스튜를 조금 나눠 주지요. 이어서 경찰관, 핫도그 장수 아저씨, 가게 주인 등등이 자꾸 찾아옵니다. 그때마다 할머니는 아낌없이 스튜를 나눠 줍니다. 그 바람에 할머니의 스튜 냄비는 텅 비고 맙니다. 할머니는 실망합니다. 그런데 잠시 후 할머니의 스튜를 먹은 동네 사람들이 감사의 마음으로 저마다 음식을 한 가지씩 들고 할머니를 찾아오고, 할머니는 생애 최고의 저녁 식사를 합니다.

『할머니의 식탁』, 오게 모라 글·그림, 위즈덤하우스

이 책을 읽고 아이가 시각화해 볼 수 있도록 다음과 같은 질문을 할 수 있습니다. "가장 기억에 남는 장면이 있니? 한번 떠올려 볼래?", "왜 그 장면이 떠올랐어?", "떠오르는 장면에 관해 이야기해 줄래?", "사람들이 가져온 음식을 하나씩 떠올려 볼래?", "할머니는 평소 한가한 시간에 무엇을 하며 보내시는 것 같아?", "왜 그렇게 생각했니?", "할머니의 집 안 분위기는 어땠어? 떠오르는 대로 이야기해 줄래?"

　어른은 아이가 자신의 경험을 총동원해 그림을 최대한 많이 기억할 수 있도록 도와야 합니다. 다양한 시각적 경험들이 그림을 기억하는 발판이 될 수 있기 때문입니다. 아이들이 직접 보고 지각한 시각적 경험은 오래 기억되기 마련입니다. 그림을 최대한 많이 기억하고, 그것을 자신의 경험과 연관 지어 보는 자체만으로도 의미 있는 그림책 읽기 활동이 될 수 있습니다.

# 1장

## 그림책 읽기 전에
## 발생할 수 있는 문제 상황

**글이 없어요!**

아이가 읽어 달라고 가져온 그림책이 글은 없고 그림만 있다면 아이에게 "글이 있는 책으로 다시 가져와."라고 말씀하실 건가요? 글은 보이는 대로 읽어 주면 되지만 그림은 무엇을 읽어야 하는지, 어떻게 읽어야 하는지 참 당황스러울 거예요. 성인인 부모에게는 글보다 그림을 읽는 게 더 어려울 수 있습니다. 그래서 글 없는 그림책에 대해 생각해 보는 시간을 가지려 합니다.

글 없는 그림책이란 글 없이 그림만으로 이야기가 구성된 책을 말합니다. 글이 전혀 없거나 최소한의 글자만으로 구성된 책입니다. 글이 없으니 오로지 그림만으로 이야기를 이해해야 합니다. 장점도 있습니다. 글이 없으니 글을 읽지 못하는 아이도 혼자서 책을 읽을 수 있습니다. 아이는 추리, 추론, 비교, 예측, 종합하는 사고를 통해 그림책의 그림만으로도 이야기를 만들어 냅니다. 이야기의 구조와 요소를 모르는데도 이야기를 술술 만들어 내니 아이의 내면에 이야기 본능이 있는 게 분명합니다. 이런 본능은 아직 글보다는 그림에 친숙한 아이도 책을 읽을 수 있다는 자신감을 느끼게 하지요. 글이 없으니 아이는 자신의 상상력을 자극해 이야기를 창작합니다. 더구나 그림만으로 이야기를 만들어야 하니 매번 똑같이 읽을 수 없겠지요. 아이는 읽을 때마다 문장을 생략하거나 추가하고 문장 속의 단어도 바꿔 가며 이야기를 구성하게 됩니다. 이런 과정을 반복하다 보면 어느새 아이의 표현력과 어휘력은 놀랍도록 향상되어 있습니다.

아이들은 왜 그림책에 빠져들까요? 그건 그림책에 이야기와 그림이 있기 때문입니다. 아이는 이야기를 이해하는 데 그림을 주로 활용합니다. 인물들 간의 상호작용과 표정과 몸짓, 인물의 행위가 이루어지는 공간과 시간을 그림에서 읽어 내죠. 그림이 없다면 아이에게서 읽는 재미를 뺏는 건 말할 것도 없고 이해의 단서를 잃게 합니다. 그림책의 그림은 회화와 달리 장면과 장면이 연결되어 이야기를 만듭니다. 이런 그림책의 그림 특성은 아이로 하여금 다음 장으로 넘기고 싶은 충동을 불러일으킵니다. 다음에 어떤 이야기가 전개될지 궁금하기 때문이죠. 드라마에 빠진 성인이 다음 회를 기다리는 심정과 다르지 않을 겁니다. 아이는 자신이 구성한 이야기에 부모님이 들려주는 이야기를 첨가하면서 이야기를 더욱 다양하고 풍성하게 만들어 갑니다. 이런 과정은 그림책 속 인물의 내면과 행동을 두루 생각하게 하고, 그림이 주는 즐거움에 푹 빠지게 합니다.

자, 그럼 글 없는 그림책은 어떻게 읽어야 할까요? 먼저 '표지 읽기'를 통해 이야기를 예측해 봅니다. 본문에 글이 전혀 없는 그림책이라도 제목은 있으니까요. 그래서 글 없는 그림책에서 표지 읽기는 매우 중요한 과정입니다. 매튜 코델 작가의 『세상에서 가장 용감한 소녀』(비룡소)는 폭설로 길을 잃은 소녀가 새끼 늑대를 만나 우정을 나누는 이야기입니다. 길을 잃고 두려움에 빠진 소녀의 감정이 그림에 잘 담겨 있어 읽는 내내 긴장감을 놓을 수가 없습니다. 아이와 함께 표지를 보면서 "누가 나올까?", "무슨 이야기일까?", "용감하다는 건 어떤 거지?" 등의 질문을 해 아이의 사고의 문을 열어 주세요. 아이는 "빨간 망토가 늑대를 만났어요.", "빨간 망토와 늑대는 사이가 안 좋은데…….", "그런데 늑대가 작아요! 새끼 늑대라서 안 무서울 거 같아요." 등 다양한 대답을 하면서 그림책의 이야기를 예측합니다.

표지 읽기를 통해 이야기를 예측해 보았다면 이제 본격적으로 그림책 읽기를 시작합니다. 아이에게 그림책의 주인공에게 이름을 지어 보게 하세요. 아이는 자신이 이름을 지어 준 인물에 더 많은 애정

『세상에서 가장 용감한 소녀』,
매튜 코델 그림, 비룡소
『파도야 놀자』,
이수지 그림, 비룡소

을 가지거든요. 이수지 작가의 그림책 『파도야 놀자』(비룡소)를 읽으며 아이는 자신이 지어 준 소녀의 이름을 부르면서 자연스럽게 인물의 감정을 읽어 냅니다. 그림책의 주인공에게 이름이 생기면 부모님도 그림책을 읽기가 훨씬 수월하게 느껴질 것입니다.

그림책 속 인물들에게 이름을 붙여 주었다면 이번에는 아이에게 그림책 속 인물들의 대사를 만들어 보게 합니다. 아이가 말하는 대사를 통해 아이가 그림책의 이야기를 얼마나 이해하고 있는지 점검할 수 있습니다. 데이비드 위즈너 작가의 그림책 『자유 낙하』(미래아이)는 꿈속에서 펼쳐지는 모험 이야기로, 주인공이 꿈을 통해 환상의 세계로 들어갑니다. 아이는 그림책의 책장을 넘길 때마다 장소가 이동되고 신비한 인물들을 만나는 주인공을 보면서 자신도 여행에 동참한 느낌을 받습니다. 책장을 넘길 때 새롭게 등장하는 인물이 주인공에게 어떤 말을 건넬지 아이에게 물어보세요.

장면마다 인물에게 대사를 부여해 보았다면 이제 아이 혼자 이야기를 구성해 보게 합니다. 이야기 구성이 미숙한 아이는 그림을 읽

『자유 낙하』, 데이비드 위즈너 그림, 미래아이

고 이야기 만들기를 하기가 어려울 수 있습니다. 이럴 때는 부모님이 문장이나 단어를 제시해 주세요. 부모님이 이야기의 시작이 되는 단어나 문장을 말해 주면 이야기 구성 경험이 적은 아이도 부담을 덜 수 있습니다. 바바라 리만 작가의 그림책 『빙글빙글 이상한 박물관 여행(원제: Museum Trip)』은 박물관 견학을 하러 간 소년이 일행과 헤어진 뒤 우연히 미로 방에 들어가 환상적인 경험을 하는 이야기입니다. "통학 버스를 타고 아이들이 견학하러 가네.", "어디로 견학을 가는 걸까?", "신발 끈이 풀어졌구나.", "미로네!" 등과 같은 말로 아이에게 문장과 단어를 제시해 주면 아이는 다음 이야기를 혼자서 풀어 갑니다.

　마지막으로 기존에 읽었던 것과 다르게 읽어 주세요. 아이가 다름을 인지하는지, 인지했다면 그다음 이야기 전개를 아이가 만들어 보게 하세요. 앞에서 살펴보았던 제리 핑크니 작가의 그림책 『사자와 생쥐』를 읽으며 독자는 그림책 속 사자와 생쥐가 마치 독자인 자신에게 속삭이는 듯한 느낌을 받습니다. 이는 독자가 그림만으로도 인

『사자와 생쥐』, 제리 핑크니 글·그림, 별천지

물의 감정을 읽을 수 있기 때문입니다. 그래서일까요? 아이는 금세 인물에게 감정을 이입해 부모님이 들려주는 이야기에 귀를 쫑긋 기울이죠. 이때 기존에 들려주었던 이야기와 다르게 읽어 주며 아이의 반응을 살펴보세요. "사자가 생쥐를 잡아먹으려고 하네.", "생쥐가 그물에 걸린 사자를 못 본 척하고 그냥 가네." 그러면 아이는 "아니야, 사자의 표정을 봐. 생쥐를 도와주려고 하는 거야."라며 부모가 읽어 주는 내용을 정정하고 이야기를 전개합니다. 아이가 인물의 표정을 통해 생각과 감정을 읽고 있는지를 확인할 수 있는 질문입니다.

### 아이와 함께 읽고 있다는 것을 잊지 마세요

그림책의 그림 한 장 한 장에는 인물이 겪는 사건의 배경이 담겨 있습니다. 아이가 어떤 그림은 한참을 바라보고 어떤 그림은 스치듯 넘기는 걸 본 적 있을 겁니다. 그림책 읽기는 부모의 일방적 읽기가 아니라 아이와 함께 호흡을 맞추며 읽는 것입니다. 부모가 그림책을 읽어 줄 때 아이도 아이 나름대로 이야기를 펼쳐 나가고 있으니까요. 아이의 관심과 이해 수준을 고려하지 않은 그림책 읽기는 책에 대한 흥미를 잃게 만드는 요인이 됩니다.

### 무거운 주제를 꼭 읽어 주어야 하나요?

할아버지의 장례식장에 다녀온 아이는 슬픔이 가득한 엄마의 얼굴을 보며 묻습니다. "엄마, 죽음이 뭐야? 우리 할아버지 죽었어?" 아이는 죽음이 무엇을 의미하는지 모르기 때문이지요. 그저 엄마와 이모가 우는 것을 보며 죽음이 슬픈 것이라고만 직감할 뿐입니다. 아이는 할아버지를 만나지 못한다는 게 그렇게 슬픈 일인지 이해할 수 없습니다. 예전에도 할아버지는 생신이나 명절에나 만났으니까요. 무엇보다 죽음이 갖는 영원한 이별을 인지하지 못하기에 엄마의 깊은 슬픔을 이해하지 못합니다.

간혹 '죽음'에 대해 다룬 그림책을 아이에게 읽어 줘도 되냐는 질문을 받습니다. "아이가 이해하지 못할 주제이지만 유명한 작가의 그림책이니 괜찮지 않을까요?", "다양한 주제를 접하는 게 좋다고 하니 흥미가 없어도 읽어 줘야 하지 않을까요?" 등 아이에게 읽어 주어야 하는 이유를 찾는 부모들도 있습니다. 그런 부모님에게 이렇게 말씀드립니다. "아이가 죽음에 관심을 두지 않는다면 굳이 읽어 주실 필요는 없어요. 읽어야 할 그림책이 너무나 많으니까요. 그러나 아이가 주변 사람들의 죽음을 경험했거나 죽음에 관한 질문을 한다면 읽어 주기를 권유합니다. 아이에게 죽음을 설명하는 데 그림책만큼 좋은 것도 없으니까요."

『씩씩해요』, 전미화 글·그림, 사계절

전미화 작가의 『씩씩해요』(사계절)는 아빠의 죽음을 소재로 한 그림책입니다. 아이에게 가장 큰 두려움은 바로 부모의 죽음이겠죠. 작가는 교통사고로 아빠를 잃은 아이의 외로움과 그리움, 그리고 달라진 환경으로 혼란스러워하는 아이의 심리를 간결한 그림으로 그려 냈습니다. 깊은 슬픔과 우울을 경험한 아이가 마지막 장면에서 "나는 씩씩해요."라고 고백할 때 독자는 마음의 고통을 극복한 아이를 응원하게 됩니다.

샤를로트 문드리크 작가가 글을 쓰고 올리비에 탈레크 작가가 그림을 그린 『무릎 딱지』(한울림어린이)는 엄마를 잃은 아이의 슬프고 복잡한 정서를 아주 잘 표현한 그림책이죠. 아이는 엄마의 죽음에 배신감과 분노를 느끼면서도 아내를 잃고 슬픔에 빠진 아빠를 걱정하기도 합니다. 올리비에 탈레크 작가는 이런 아이의 감정을 표현하기 위해 빨간색을 사용했다고 합니다.

서영 작가의 『여행 가는 날』(스콜라)은 죽음을 여행에 비유한 그림책입니다. 표지에 할아버지가 보이죠? 할아버지 옆에 연두색 옷을

『무릎 딱지』, 샤를로트 문드리크 글, 올리비에 탈레크 그림, 한울림어린이
『여행 가는 날』, 서영 글·그림, 스콜라

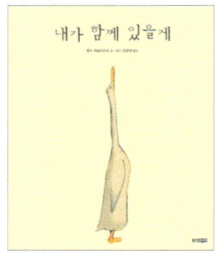

『엄마가 유령이 되었어!』,
노부미 글·그림, 길벗어린이
『이럴 수 있는 거야??!』,
페터 쉐소우 글·그림, 비룡소
『내가 함께 있을게』,
볼프 에를브루흐 글·그림,
웅진주니어

입은 하얀 물체는 무엇일까요? 할아버지는 어디로 여행을 가는 걸까요? 여행을 떠나는 할아버지의 표정은 어떤가요? 여행 가기에 딱 좋은 날씨 같지요?『여행 가는 날』의 주인공은 할아버지와 저승사자입니다. 어린 시절 텔레비전 프로그램 중〈전설의 고향〉을 자주 시청했습니다.〈전설의 고향〉에는 유독 저승사자가 자주 등장했지요. 사실 너무 무서워서 자세히 보지는 못했지만 검은 도포를 입고 갓을 쓰고 피부는 창백하고 입술은 검었습니다. 드라마 속 인물인데도 저승사자가 등장하면 벌벌 떨었지요. 저승사자는 등장만으로도 공포를 주는 대상이었으니까요. 그런데 이 그림책 속 저승사자는 제가 어린 시절에 만났던 저승사자와는 너무나 다른 모습을 하고 있습니다. 괴상하지도 두렵지도 않은, 오히려 마지막 여행길을 동행해 주는 반가운 손님으로 묘사되어 있습니다. 남아 있는 가족을 걱정하며 떠나는 할아버지의 뒷모습이 깊은 울림을 주는 그림책입니다. 할아버지는 삶의 마지막 여행에 무엇을 준비했을까요? 할아버지의 여행 준비물이 궁금하다면 그림책의 뒷면지를 읽어 보시길…….

이 밖에도 '죽음'을 주제로 다룬 그림책으로는 『엄마가 유령이 되었어!』(길벗어린이), 『이럴 수 있는 거야??!』(비룡소), 『내가 함께 있을게』(웅진주니어), 『고양이 나무』(평화를품은책) 등이 있습니다.

김홍식 작가가 글을 쓰고 고정순 작가가 그림을 그린 『아빠의 술친구』(씨드북)는 가정 폭력을 다룬 그림책입니다. 고정순 작가는 아빠의 발과 주먹이 가하는 폭력을 직접적으로 표현하지 않고 추상적인 표현으로 대체했습니다. 그런데도 아빠의 폭력으로 고통받는 엄마와 아이의 정서가 그림 속에 고스란히 담겨 있어 읽는 내내 마음을 아프게 합니다.

하수정 작가의 『울음소리』(웅진주니어)는 아동 학대에 관한 이야기입니다. 아동 학대 뉴스가 연일 지면을 장식하지만 정작 이웃의 아이에게 관심을 두는 이들은 적은 현실을 그려 낸 그림책이죠. '울음소리'는 주위 누군가에게 도움을 청하고 있을 아이들의 '호소'일 수 있다는 메시지를 전하는 그림책입니다.

『고양이 나무』, 오시다 히로시 글
오하시 아유미 그림, 평화를품은책
『아빠의 술친구』
김홍식 글, 고정순 그림, 씨드북
『울음소리』
하수정 글·그림, 웅진주니어

### 나이가 다른 형제자매는
### 어느 수준에 맞춰 읽어 주어야 할까요?

아이들이 그림책을 좋아하게 되는 이유 중 하나는 어릴 때 어른과 함께한 그림책 읽기 경험입니다. 어른과 그림책을 읽으며 나누었던 경험은 자라면서 계속 추억으로 남아 아이의 마음을 따뜻하게 해 주기 때문입니다. 아이들은 책 읽기 경험을 통해 심리적 안정감과 상상력을 키웁니다. 그러니 어른들은 아이들이 책 읽기 경험을 많이 쌓을 수 있게 해 주어야 합니다.

요즘은 다행히 그림책이 풍부한 시대입니다. 출간되는 그림책이 많다 보니 다양한 그림책을 접할 기회가 많습니다. 그만큼 어른들이 아이에게 그림책을 읽어 줄 기회도 많겠죠. 그런데 어른들은 그림책을 즐겁게 보는 것이 아니라 그림책으로 글자를 익히는 데 초점을 맞춥니다. 그림책을 즐겁게 보려면 책을 읽으면서 대화를 하는 것이 중요한데, 어른들은 어떻게 대화를 해야 하느냐는 질문을 많이 합니다. 특히 나이가 다른 아이들에게 그림책을 읽어 줄 때 누구의 수준에 맞춰서 읽어 주어야 할지 난감하다고 말합니다.

어른이 아이와 함께 그림책을 읽을 때 한 가지 사실만 꼭 기억하면 이 상황은 쉽게 풀립니다. 바로 아이들이 그림책 읽기를 즐겁게 느끼도록 해 주는 것입니다. 아이들은 그림책을 읽을 때 읽어 주는 사람과 함께 공유하는 생각들이 즐겁습니다. 그림책은 글과 그림으로 표현된 것을 독자의 경험과 수준에 따라 다양하게 해석하면서 읽습니다. 같은 그림책을 읽더라도 어떤 경험을 했느냐에 따라 독자마다 다르게 해석한다는 뜻입니다. 그래서 아이와 함께 그림책을 읽으면 아이의 경험과 엄마의 경험, 아빠의 경험을 공유할 수 있습니다. 함께 공유한 경험을 통해 그림책의 해석은 풍부해집니다. 그러니 아이 한 명과 읽을 때보다 한 명 이상과 함께 읽을 때 그림책 읽기가 훨씬 더 재미있겠지요.

　그림책 한 권을 읽어 보겠습니다. 아빠는 어떻게 아이들과 대화를 할까요? 아빠가 네 살 동생, 여섯 살 형과 함께 루스 크라우스 작가가 쓰고 마르크 시몽 작가가 그린 『모두 행복한 날』(시공주니어)을 읽습니다. 동생이 표지 그림에 있는 동물에게 관심을 보입니다. 아빠가 동생의 흥미를 파악하고, 아이들이 먼저 표지 그림을 보고 생각할 수 있도록 자극을 주고자 "동물들이 무엇을 하고 있어?"라고 질문합니다. 이렇게 질문을 하면 아이들이 그림을 보며 동물들이 무엇을 하고 있는지 생각해 보겠죠? 그리고 생각한 것을 말로 표현합니다.

　동생은 "춤추고 있어."라고 말하고 형은 "음……, 춤도 추고 노래도 부르는 것 같은데." 하면서 동생의 말을 좀 더 확장해 자신의 생

『모두 행복한 날』,
루스 크라우스 글, 마르크 시몽 그림, 시공주니어

각을 말합니다. 이때 아빠는 두 아이가 말한 것에 "오, 그렇구나!", "그래, 맞아!" 등의 말로 호응을 해 주죠. 두 아이 모두 자신의 말이 호응을 받아서 기분이 무척 좋아집니다. 아빠는 또 "왜 그렇게 생각했어?"라고 아이들에게 그 이유를 말해 보게 합니다. 이유를 찾아보게 하는 활동은 아이들이 자신이 생각한 것에 대한 근거를 찾는 행위이므로 자기의 생각을 더 구체화할 수 있습니다. 동생이 "(팔을 위로 올리며) 팔을 이렇게 했어."라고 말하자 형이 동생의 생각을 좀 더 확장해서 "여기 이것 봐. 팔이랑 다리를 올리고 있잖아.", "곰이 입을 벌리고 있어서 노래하는 것 같아."라고 말합니다. 아빠는 아이들이 찾아낸 이유를 "아하, 팔을 올리고 다리도 올리고 있어서 춤을 추는 것 같구나." 하고 한 번 더 짚어 줍니다. 이어서 "아빠는 꼬리도 흔드는 것 같은데?"라고 아빠의 생각도 덧붙입니다. "아, 곰이 입을 벌리고 있구나! 아빠는 못 봤는데 형아가 찾았네." 하고 아이들의 생각을 격려해 줍니다. 아빠와 동생과 형이 함께 그림책을 읽으니 『모두 행복한 날』의 표지 그림을 보고 "곰하고 다람쥐하고 생쥐가 춤도 추고, 노래도 부르고, 꼬리도 흔드는 것 같다."라는 해석을 했습니다. 아빠는 다시 "왜 이렇게 신이 났을까?" 하고 그림책의 내용을 예측해 보게 합니다. 그러면 두 아이는 신나서 자신들의 생각을 이야기합니다.

　이렇듯 형제자매와 협력해서 그림책을 읽으면 아이들이 함께 이야기를 이해하려 함과 동시에 이야기를 이해하는 수준도 발달합니다. 또한 어른이 글자를 가르치기보다는 대화를 하면서 그림책을 읽어 주면 아이들은 그림책 읽기를 즐거운 경험으로 받아들이게 됩니다. 어른은 아이에게 그림책의 의미를 발견할 수 있도록 자연스럽게 내용을 예측해 보게 하고, 그림을 상상해 보게 하고, 내용을 추리·추론해 보게 해 주어야 합니다.

나이가 다른 형제자매에게 그림책을 읽어 주는 방법은 아이들이 각자의 경험과 수준에 맞는 생각을 이야기하도록 이끌어 주는 것입니다.

### 영아에게는 어떻게 읽어 주어야 하나요?

사람은 살면서 수많은 경험을 하고, 경험을 통해 성장합니다. 그러므로 경험을 하는 것은 성장에 매우 중요합니다. 이러한 경험은 직접적이거나 간접적으로 합니다. 직접적인 경험은 시간적·공간적으로 제한을 받지만 간접적 경험은 제한을 받지 않습니다. 간접적 경험은 이야기를 통해 얻을 수 있습니다. 다른 사람에게 이야기를 듣거나 다른 사람과 책을 함께 읽는 것으로 가능합니다. 그래서 책 읽기가 중요합니다. 책을 읽는 행위는 즐거운 것입니다. 왜냐하면 책을 읽으면서 의미를 발견하고 의미를 이해하기 때문입니다. 그림책을 읽는 것도 이와 같은 맥락입니다.

영아들에게 있어서 그림책은 처음으로 접하는 책입니다. 영아는 다른 장난감처럼 그림책을 손으로 만지고, 입으로 물고, 눈으로 보면서 탐색합니다. 이때 어른이 자연스럽게 그림과 연결해 영아에게 언어를 들려주면 영아는 그림과 어른이 들려주는 소리를 들으며 의미를 이해합니다. 엘라 마리 작가의 그림책 『빨간 풍선의 모험』(시공주니어)에는 풍선을 부는 장면이 나옵니다. 두 그림을 보고 난 뒤 영아는 몸짓으로 풍선 부는 모습을 흉내 내거나, "후, 후." 하면서 풍선 부는 소리를 내거나, "커졌다!"라는 말을 몸으로 표현하기도 합니다. 이러한 행동은 모두 '풍선을 분다.'라는 의미를 이해했기에 할 수 있는 것이지요. 이처럼 어른이 영아와 그림을 보고 언어를 들려줄 기회를 자주 경험하면 영아는 그림이 의미가 있음을 깨닫습니다. 그러면 영아는 그림을 더 보고 싶어 하고 흥미를 가지겠지요. 이제 어른과 함께 그림책을 읽는 것이 재미있어지고, 그림책 읽기가 시작되는 것입니다. 영아는 방금 읽었던 그림책을 또 보고 싶습니다. 그림책을 가지고 부모에게 다가갑니다. 영아가 스스로 그림책을 읽어 달라고 요구하게 되었습니다. 아직 말을 하지 못하는 영아는 행동으로 의사 표현을 하는데, 이때 부모는 영아의 몸짓언어를 민감하게 알아채서 "'책 읽고 싶어요. 또 보여 주세요.' 하는 거야?"라는 말로 영아의 마음을 언어로 표현해 줍니다. 그리고 영아를 무릎에 앉히고 그림책을

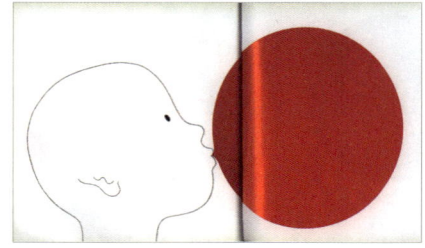

『빨간 풍선의 모험』, 엘라 마리 글·그림, 시공주니어

함께 읽습니다. 이렇게 영아와 함께 그림책을 읽는 것은 그림책을 매개체로 부모와 아이가 긍정적인 관계를 형성하는 행위입니다. 긍정적 관계 형성이 이루어지면 영아와 그림책을 읽으면서 따뜻한 분위기에서 말을 주고받습니다. 자연스럽게 대화를 하는 것이지요.

하야시 아키코 작가의 그림책 『달님 안녕』(한림출판사)을 영아와 함께 읽고 있습니다. 어른은 "달님, 안녕?" 하며 왼쪽 면의 글을 읽어 줍니다. 영아는 오른쪽 면에 있는 그림을 봅니다. 노랗고 동그란 얼굴이 웃고 있습니다. 달님이죠. 영아는 어른이 읽어 주는 내용을 듣고서 그림으로 표현된 것이 달님임을 알게 됩니다. 이제 영아는 그림이 상징하는 것이 달님이라는 것을 알게 되었습니다. 그림책을 다 읽고 난 뒤 부모와 함께 그림책을 읽은 경험이 영아에게 무척 즐거운 기억으로 남습니다. 그림책을 읽은 뒤 영아는 노랗고 동그란 얼굴 모양을 보고 "달님, 달님."이라고 말하고, 비슷한 모양을 보고도 "달님, 달님."이라고 말합니다. 이때 그림책을 함께 읽었던 어른이라면 영아가 말하는 것의 의미를 바로 알아차리고 "『달님 안녕』

『달님 안녕』, 하야시 아키코 글·그림, 한림출판사

에 나오는 달님이네." 하고 호응을 해 줍니다. 영아는 어른과 그림책 읽기를 통해 '달님'을 경험한 것입니다.

영아에게 그림책을 읽어 주는 방법은 영아와 자연스러운 대화로 따뜻하게 마음을 나누고 영아가 그림책에 실린 그림의 의미를 발견하도록 도와주는 것입니다.

### 패러디 그림책은 어떻게 읽어야 더 재미있을까요?

'패러디'의 사전적 의미는 '특정 작품의 소재나 작가의 문체를 흉내 내어 익살스럽게 표현하는 수법 또는 그런 작품'입니다. 패러디 그림책은 어린 독자에게 익숙한 옛이야기를 비롯한 기존의 작품을 주제, 인물, 플롯 등을 이용하거나 변형해 모방적·비판적으로 패러디한 작품을 말합니다. 이전의 작품을 재구성·재해석해 새로운 관점에서 서술하지요. 따라서 패러디 그림책은 새로운 관점에서 바라보게 하고, 창의적 아이디어를 생산하도록 자극하고, 원작과 비교하며 읽도록 하고, 작가의 재해석 부분이 무엇인지 찾아 보게 합니다.

패러디 그림책들은 그림책 작가의 개인적 성향이나 작가가 사는 시대상이 반영되어 이야기의 분위기나 느낌이 상당히 달라집니다. 또한 패러디 그림책은 일정한 틀을 지닌 하나의 이야기가 아니라 여러 개의 이야기가 서로 얽혀 있어서 상호 텍스트적 읽기를 요구합니다. 상호 텍스트란 텍스트들 사이의 관계를 의미합니다. 패러디 그림책은 기본적으로 원작과 상호 연결되어 있습니다. 원작을 이미 읽었거나 알고 있다면 패러디 그림책을 좀 더 재미있게 읽을 수 있그 이해하기도 쉽습니다.

　패러디 그림책의 특징은 기존의 관습이나 편견을 비판하고, 발상의 전환을 꾀하고, 열린 결말로 확산적 사고를 촉진하며, 신선한 즐거움과 흥미로움을 선사한다는 것입니다. 따라서 독자들은 패러디 그림책을 통해 확정적으로 여겨지던 하나의 이야기가 얼마든지 새롭게 변형될 수 있다는 것을 깨닫고, 새로운 이야기를 새롭게 해석하는 노력을 하게 됩니다. 그래서 독자는 그림책을 읽을 때 능동적으로 글과 그림을 읽습니다. 아울러 이야기하기를 좋아하는 아이들은 자기가 얼마든지 새로운 이야기를 만들 수 있다는 가능성을 알게 됩니다.

　예를 들어 옛이야기 『아기 돼지 삼 형제』의 패러디 그림책은 많습니다. 데이비드 위즈너 작가는 『아기 돼지 삼 형제』를 패러디해 『아기 돼지 세 마리』(마루벌)라는 시간과 공간을 넘나드는 새로운 이야기로 엮었습니다.

『아기 돼지 세 마리』, 데이비드 위즈너 글·그림, 마루벌

『아기 돼지 세 마리』는 우리가 알고 있는 『아기 돼지 삼 형제』처럼 "옛날 옛날에 아기 돼지 세 마리가 살고 있었어요."라는 문장으로 이야기를 시작합니다. 그리고 늑대가 나타나 아기 돼지들을 잡아먹으려고 돼지들의 집을 차례차례 찾아가지요. 늑대는 돼지들의 집을 입김으로 훅 불고 푹 불어 날려 버리고 돼지들을 잡아먹습니다. 이처럼 글은 『아기 돼지 삼 형제』와 다르지 않습니다. 그런데 그림은 글과 전혀 다른 이야기를 전개해 나갑니다. 늑대의 입김에 이야기 밖으로 날아가 버린 첫 번째 아기 돼지가 두 번째 돼지와 세 번째 돼지마저 이야기 밖으로 불러내 늑대가 없는 그림 밖 세계에서 모험을 즐깁니다. 늑대는 눈앞에서 감쪽같이 사라지고 마는 돼지들 때문에 당황하지요. 당황하고 허탈해하는 늑대의 표정을 익살스럽게 표현한 그림이 웃음을 유발합니다. 이야기 안과 이야기 밖의 돼지들의 모습은 사뭇 다릅니다. 그림 기법이 다르기 때문입니다. 이 기법은 처음부터 끝까지 이야기 안과 밖을 구별 짓는 요소로 동일하게 표현됩니다. 원작 『아기 돼지 삼 형제』를 읽었던 독자들은 자신이 알고 있는 내용과 다르게 진행되는 이야기에 재미를 느끼고, 다음 내용이 어떻게 전개될지 궁금해하며 책장을 넘깁니다.

작가 데이비드 위즈너는 『아기 돼지 삼 형제』를 패러디한 『아기 돼지 세 마리』를 통해 시·공간에 대한 새로운 도전으로 독자들에게 차원이 다른 이야기를 소개합니다. 아이와 함께 그림책을 읽으면서 "『아기 돼지 삼 형제』와 어떻게 달라?", "늑대의 기분이 어떨 것 같아? 늑대의 입장이 되어 생각해 볼래?", "이 이야기와 비슷한 다른 책을 읽은 적 있니? 어떤 그림책이니?", "아기 돼지들은 어떤 이야기 속으로 들어갔어?", "○○이가 뒷이야기를 한번 꾸며 볼래? 돼지들과 늑대는 어떻게 될까?" 등의 발문을 할 수 있습니다.

또 다른 패러디 그림책을 살펴볼까요? 유설화 작가의 『슈퍼 거북』(책읽는곰)은 『토끼와 거북』 이야기를 알고 있다는 전제하에 이야기가 시작되는 『토끼와 거북』 뒷이야기 그림책입니다. 원작인 『토끼와 거북』을 읽고서 '그다음은 어떻게 되었을까?' 하고 한 번쯤 생각했을 독자들에게 궁금증을 해소해 주는 선물 같은 그림책입니다. 『토끼와 거북』 이야기를 모른다면 먼저 원작을 읽고 독자 스스로 뒷이야기를 만들어 보는 기회를 가진 다음 『슈퍼 거북』을 읽으면 더 큰 재미를 느낄 수 있을 것입니다.

이 책은 '내가 행복을 느끼는 것은 경쟁에서 이길 때가 아니라 나답게 살 때'라고 이야기합니다. 패러디 그림책은 원작과 비교하여 차이점과 유사점을 찾고 독자 스스로 또 다른 이야기를 만들도록 유도할 뿐만 아니라, 이 이야기가 작가가 창작한 작품이라는 사실을

『슈퍼 거북』, 유설화 글·그림, 책읽는곰

깨닫게 하는 특징을 가지고 있습니다. 이는 독자 또한 이야기를 창작할 수 있도록 유도하는 하나의 장치로 작용합니다. 즉, 패러디 그림책은 독자에게 얼마든지 새로운 이야기를 만들 수 있다는 가능성을 제시해 줍니다.

마지막 예시 그림책은 존 셰스카 작가가 쓰고 레인 스미스 작가가 그린 『늑대가 들려주는 아기돼지 삼형제 이야기』(보림)입니다. 이 책은 주인공을 원작 『아기 돼지 삼 형제』와 다르게 설정해 다른 관점에서 이야기를 펼쳐 나갑니다. 작가는 기존에 알고 있는 『아기 돼지 삼 형제』는 잘못 전해진 것이라고 말하면서 이야기를 시작합니다. 무엇이 잘못되었다는 것일까요? 늑대가 자기 입장에서 억울함을 호소합니다. 늑대에 대한 오해가 풀릴까요? 누구의 시선으로 바라보고, 누구의 생각을 전달하느냐에 따라 이야기는 달라집니다. 이 이야기는 다른 이의 관점에서도 이야기를 들어 보라고 말합니다.

패러디 그림책에서 변형된 이야기를 어떻게 이해할 것인지는 독자의 해석이 큰 몫을 차지합니다. 원작을 모른다면 해석에 어려움을

『늑대가 들려주는 아기돼지 삼형제 이야기』,
존 셰스카 글, 레인 스미스 그림, 보림

느낄 수 있으며, 또한 작가가 전달하려는 의미를 다 이해할 수도 없습니다.

독자는 확정적으로 여겨지던 원작의 이야기가 얼마든지 새롭게 변형될 수 있다는 것을 알게 되고, 예상치 못한 새로운 이야기를 접하면서 신선함과 재미를 느낄 수 있습니다. 아이와 함께 원작 그림책을 찾아 읽고, 원작과는 다르게 해석된 다양한 패러디 그림책을 읽으며 비교, 분석해 보길 권장합니다.

### 한글을 깨쳤는데도 읽어 주어야 하나요?

부모 교육을 진행하다 보면 이런 질문을 많이 받습니다. "우리 애가 한글을 깨쳤는데 그래도 부모가 책을 읽어 줘야 할까요? 글을 읽을 수 있으면 혼자 읽게 하는 게 아이에게 좋지 않나요?", "글을 읽을 수 있는데도 엄마랑 읽으려고 하는데, 이거 문제죠? 도대체 몇 살까지 그림책을 읽어 줘야 하나요?" 저의 대답은 "자녀가 읽어 달라고 할 때까지 읽어 주세요."입니다.

많은 부모가 자녀가 글자를 깨치면 혼자 읽을 수 있다고 생각합니다. 물론 틀린 생각은 아닙니다. 자녀가 한글을 깨쳤다는 건 그림책의 글까지 읽을 수 있으니(그림은 이미 읽을 수 있다고 생각하시니까요) 혼자서 그림책을 읽을 만한 능력을 갖춘 것이라고 생각합니다. 그래서 대다수 부모는 "글을 읽을 수 있으니 혼자 읽으렴."이라고 말합니다. 혹시 그때 자녀의 표정을 보셨나요? 매우 서운한 표정을 지으며 그림책을 도로 책꽂이에 꽂는 아이도 있고, 혼자서 읽기는 하지만 이내 다른 놀이로 전환하는 아이도 있습니다. 이유는 부모와 함께 읽을 때보다 재미가 덜하기 때문입니다.

그림책 읽기를 독서로만 여기는 부모는 그 가치를 반밖에 알지 못하는 것입니다. 왜냐면 아이와 함께 그림책을 읽는다는 건 첫째로 자녀의 생각을 엿볼 소중한 기회를 얻는 일이기 때문입니다. 그림책 내용에 관해 대화하면서 자연스럽게 자녀의 현재 관심사, 고민, 정서 상태를 살필 수 있으니까요. 자녀도 마찬가지입니다. 대화를 나누면서 부모님의 생각을 엿볼 기회를 얻지요. 즉 자녀와 그림책을 함께 읽는 것은 자녀와 소통하는 소중한 시간이기도 합니다.

데이비드 섀넌 작가가 쓰고 그린 『줄무늬가 생겼어요』(비룡소)는 온몸에 무지갯빛 줄무늬가 있는 표지 속 아이의 모습이 독자의 호기심을 불러일으키는 그림책입니다. 자신의 취향을 솔직하게 말하지 못하고 다른 사람들의 시선을 몹시 의식하는 주인공 카밀라는 결국 자신의 모습을 완전히 잃어버리고 맙니다. 카밀라는 어떻게 자신을

『줄무늬가 생겼어요』, 데이비드 섀넌 글·그림, 비룡소

되찾을까요? 카밀라가 자신을 찾아 가는 이야기를 함께 읽고 대화하며 내 아이가 지금 무엇을 말하고 싶은지, 고민은 무엇인지 아이의 마음을 읽을 기회를 마련해 보세요. 이와 함께 아이의 개성을 존중해 주세요. 그러면 아이는 자연스레 자신을 있는 그대로 바라보는 지혜와 용기를 갖게 될 것입니다.

아이와 함께 그림책을 읽는 것은 자녀에게 그림책의 주제, 교훈, 어휘 등을 가르치기 위함이 아니라 그림책 속 등장인물의 삶을 들여다보고 그들을 내가 사는 세상에 초대해 만나는 시간이라는 점을 기억하세요. 이를 통해 부모와 자녀가 서로 하나의 인격체로서 소통하는 시간을 갖게 되는 것입니다.

둘째로 자녀는 부모가 읽어 줄 때 이야기에 몰입을 더 잘하기 때문입니다. 혼자서 그림책을 읽을 때는 글을 읽느라 그림을 세밀하게 읽지 못합니다. 그러나 부모와 함께 그림책을 읽으면 귀로는 부모가 읽어 주는 글을 듣고 눈으로는 그림을 자세히 읽을 수 있습니다. 특히 유아기의 자녀라면 기초적인 한글 읽기 능력을 획득한 이후에도 부모가 그림책을 읽어 주는 게 좋습니다. 이 시기의 아이는 그림을 먼저 보지만 성인은 글을 먼저 보는 성향이 강하기 때문이죠. 아이는 성인이 읽어 주는 내용과 자신이 보는 그림 간에 상호작용을 파악하면서 이야기를 이해합니다. 아이는 그림책을 읽을 때 그림에서 필요한 정보를 얻어 해독하는데, 아직 문자를 능숙하게 읽기에는 한계가 있어서 글과 그림을 동시에 해독하기 버거워하지요. 당연히 그림책을 읽는 즐거움이 반감됩니다.

윌리엄 스타이그 작가가 쓰고 그린 『치과 의사 드소토 선생님』(비룡소)은 단순한 선과 가벼운 채색으로 구성된 그림이지만, 그림마다 담긴 메시지들에는 이야기를 명확하게 전달해 주는 힘이 있습니다. 그래서 독자인 아이는 그림에 저절로 눈이 가게 됩니다. 도르래를 타고서 환자 입까지 올라가 치료하는 드소토 선생님을 보면서 "나도 드소토 선생님이 아픈 이를 빼 주면 좋겠어요. 이 빼는 거 너무 무서워요.", "의사 선생님이 이런 도르래를 타고 올라오면 재미있어서 아프지 않을 거 같아요.", "치과 가기 너무 싫어요." 등 아이들의 목소리가 넘쳐 나게 하는 것도 그림이 가진 힘이죠. 재치 넘치는 그림과 탄탄한 서사는 지금까지도 아이들에게 사랑을 받을 만하나 다소 많은 텍스트는 이제 막 한글을 깨친 아이가 혼자 읽기에 버거울 수 있습니다. 그러니 『치과 의사 드소토 선생님』 같은 그림책은 특히 부모가 읽어 줄 때 아이가 재미를 온전히 느낄 수 있겠지요. 이 밖에도 『아빠랑 함께 피자 놀이를』(보림), 『당나귀 실베스터와 요술 조약돌』(다산기획), 『슈렉!』(비룡소), 『아모스와 보리스』(비룡

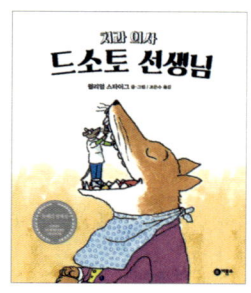

『치과 의사 드소토 선생님』, 윌리엄 스타이그 글·그림, 비룡소

소)도 아이와 함께 읽으면 좋은 윌리엄 스타이그 작가의 그림책들입니다.

셋째로 자녀의 뇌 발달에 가장 좋은 교육적 자극은 부모와 함께하는 시간이기 때문입니다. 뇌 과학자들은 유아기가 뇌 발달에 매우 결정적이고 중요한 시기라고 말합니다. 이 시기는 뇌의 일정 영역과 기능이 외부 자극을 통해 발달하는데, 가장 좋은 교육적 자극은 부모와 함께하는 시간이라고 합니다. 가톨릭대학교 김영훈 박사는 자신의 저서 『하루 15분, 그림책 읽어주기의 힘』(라이온북스)에서 아이의 뇌는 엄마의 목소리에 가장 많이 활성화된다고 밝히고 있습니다. 아이가 부모와 함께 그림책 읽기를 하면 시각·청각의 집중력을 키울 수 있고, 이때 자녀의 뇌가 가장 활발하게 활동한다고 합니다. 더불어 취학 전에는 이미지를 담당하는 우뇌가 발달하고, 초등학교 취학 후 1학년부터 6학년까지는 언어를 담당하는 좌뇌가 발달하니 좌뇌가 완전히 발달하는 초등학교 6학년까지는 성인과 그림책을 함께 읽는 것을 권유합니다. 자녀와 그림책을 읽는 시간이 지루하고 피곤한가요? 독일의 아동문학가 미하엘 엔데는 "모든 인간은 마음속에 어린이를 품고 있다."라고 말했습니다. 성인이 되고 부모가 되면서 잊고 있었던 내 안의 어린이가 자녀와 그림책을 읽는 내내 그림책 속 세상에서 뛰어노는 걸 느낄 수 있을 것입니다.

이제 아이가 한글을 깨쳤다고 해서 그림책을 혼자 읽게 하지는 않으시겠죠? 마쓰이 다다시(1990년)는 그의 저서 『어린이와 그림책』(샘터)에서 그림책의 가치를 최종적으로 결정짓는 사람은 그것을 읽어 주는 사람이라고 말합니다. 아이가 원할 때까지 그림책을 읽어 주세요. 어릴 적부터 부모와 함께 그림책을 즐겨 읽던 아이들은 대체로 초등학교 저학년까지는 부모와 함께 그림책 읽기를 좋아한다고 합니다. 고학년이 되면 그림책보다 다른 책에 관심을 두게 되지요. 아이가 소설, 만화 등에 흥미를 갖게 되면 부모에게 그림책을 읽어 달라고 조르는 일도 자연스럽게 없어집니다. 그러니 아이가 읽어 달라고 할 때까지 그림책을 읽어 주세요!

### 책 읽어 줄 시간이 부족해요

그림책은 부모가 아이에게 읽어 주는 책입니다. 『어린이와 그림책』에서 마쓰이 다다시는 "아이에게 혼자 책을 읽으라고 하는 것은 찬성할 수 없다. 책을 어린이에게 읽어 주는 행위는 어른과 아이가 정신적으로 손을 잡고 떠나는 신비한 여행이다. 책을 정성껏 읽어 주어서 어린이가 귀 기울여 듣는다면 두 사람 사이에는 풍부한 공감과 기쁨이 생겨난다."라고 하면서 책을 통한 인간관계의 의미를 강조했습니다. 결국 부모가 그림책을 읽어 주는 행위는 단순히 그림책만 읽는 것이 아니라 아이의 생각과 부모의 생각을 서로 나누면서 서로의 존재를 확인하는 시간임을 알 수 있습니다.

그런데 아이에게 그림책을 읽어 줄 시간이 부족하다고 말하는 부모들이 많습니다. 그림책 읽어 주기의 가치를 안다면 부모들은 매일 짧은 시간을 내서라도 아이에게 그림책을 읽어 줄 것입니다.

그림책 읽어 주기의 가치는 첫째, 아이와 부모가 소통을 할 수 있다는 것입니다. 아이는 부모가 들려주는 이야기 소리를 아주 좋아합니다. 부모는 그림책을 함께 읽으면서 아이에게 말을 할 수 있습니다. 예를 들어 버나뎃 로제티 슈스탁 작가 글, 캐롤라인 제인 처치 작가 그림의 『사랑해 사랑해 사랑해』(보물창고)를 읽으며 아이에게 "사랑해, 사랑해."라고 말할 수 있고, 최숙희 작가의 그림책 『괜찮아』(웅진주니어)를 아이와 함께 읽으며 "괜찮아."라고 말해 줄 수 있습니다. 데이비드 섀넌 작가가 쓰고 그린 『안 돼, 데이비드!』(주니어김영사)를 읽으며 "엄마는 네가 장난꾸러기여도 언제나 사랑한단다."라고 말할 수 있습니다. 또한 엄마나 아빠와 그림책을 읽으면서 아이도 자기 생각을 이야기할 수 있습니다. 『안 돼, 데이비드!』를 읽던 아이가 "안 돼! 장난감 치우면 안 돼!" 하면서 엄마에게 자기가 가지고 놀았던 장난감을 치우지 말라고 부탁합니다. 또 사토 와키코 작가가 쓰고 그린 『화가 난 수박 씨앗』(한림출판사)을 읽던 아이가 "나도 시시하다고 그러면 화나는데……." 하면서 화가 났던 자신의 경험을 이야기하기도 합니다.

둘째, 어른과 아이가 책 읽기에 대한 긍정적인 태도를 형성할 수 있다는 것입니다. 아이와 그림책 읽기를 했던 한 어머니의 말에 그 가치가 잘 드러나 있습니다. "직장에서 일을 끝내고 저녁에 아이와 그림책을 읽는 것은 마음만큼 잘되지 않았습니다. 읽다가 내가 먼저 잠이 들 때가 많았거든요. 그래도 아이에게 그림책 읽어 주기를 지속했습니다. 어느 날에는 표지만 읽기도 했고, 어느 날에는 아이가 좋아하는 장면만 보기도 했고, 어느 날에는 책을 끌어안고서 아이와 노래만 부르기도 했어요. 그런데 말이죠. 이젠 아이가 먼저 그 시간을 기다리고 좋아해요. 특별히 해 준 것도 없는데 그림책을 들고 기다려요. 그래서 매일 그림책을 읽게 된답니다."

셋째, 어른과 아이가 그림책을 즐기는 독자가 된다는 것입니다. 어느 부모가 말합니다. "그림책은 아이들만 보는 책인 줄 알았는데 나도 좋아하는 그림책이 생겼어요. 그래서 좋아하는 그림책을 구입하게 되고, 그 그림책을 보고 아이도 엄마랑 함께 읽은 책이라며 좋아합니다. 이제 우리는 함께 좋아하는 그림책이 생겼어요."

그림책 읽어 주기의 가치는 다른 무엇보다도 아이와 함께할 때 발견할 수 있습니다. 아이에게 매일 그림책을 읽어 주지 못해도 상관없습니다. 한 번에 많은 양을 못 읽어 주어도 괜찮습니다. 한 권 한 권 얼마만큼 정성껏 아이와 친밀감을 느끼며 읽느냐가 중요하지요. 그리고 그림책을 읽어 주는 사람이 꼭 엄마가 아니어도 괜찮습니다. 엄마만 그림책을 읽어 준다고 생각해 보세요. 엄마가 바쁠 때는 누가 읽어 주나요? 그러니 아빠, 언니, 형 등 가족 모두가 함께 읽는 것이 중요합니다. 아이들에게 시간이 부족하다고 말하며 미안해할 게 아니라 우리 아이에게 책을 읽어 줄 다양한 방법을 계속 찾아 나가는 노력이 필요하겠지요.

2장

# 그림책 읽기 중에
# 발생할 수 있는 문제 상황

### 글과 그림이 다르게 이야기해요

아이와 함께 그림책을 읽을 때 아이들은 특히 그림을 잘 봅니다. 그리고 그림이 전달하는 이야기를 읽습니다. 그림책에 담긴 그림은 단편으로 된 낱낱의 그림이 아니라 하나의 연결된 이야기이기 때문이지요. 그래서 그림만 봐도 이야기가 읽힌답니다. 그렇다고 아이가 그림책에서 그림만 보는 것은 아닙니다. 어른이 읽어 주는 글도 소리로 함께 듣지요. 아이는 그림을 보면서 어른이 들려주는 글을 통해 이야기를 확장하고 풍부하게 만들며 머릿속으로 자신만의 이야기를 상상합니다. 마치 한 편의 영화를 만드는 것과 같아요.

그런데 때때로 당황스러운 상황이 벌어집니다. 글과 그림이 서로 다른 이야기를 전달하는 그림책을 만날 때가 그렇죠. 그림을 보던 아이가 글을 읽는 어른의 말소리에 귀를 쫑긋하면서 때로는 의아해하기도 하고, 때로는 크게 웃기도 합니다. 아이가 의아해하는 것은 자기가 그림을 보고 이해한 이야기와 어른이 들려주는 이야기가 서로 다르다고 느낄 때 나타나는 반응입니다.

예를 들어 존 클라센 작가의 『이건 내 모자가 아니야』(시공주니어)를 아이와 함께 읽다 보면 "커다란 물고기는 아마 오랫동안 잠에서 안 깰 거야."라는 글이 있는 장면이 나옵니다. 그때 아이는 그림을 보다가 "아닌데.", "어디?", "왜요?"라고 궁금해하고 의아해하는 반응을 보입니다. 아이는 글과 그림이 다르게 전달하는 이야기에 아이러니를 느끼면서 자신만의 이야기를 상상하느라 자꾸 반응하게 되지요. 아이들은 이런 과정을 즐기고 책 읽기를 재미있어합니다. 그런데 어른들은 아이들의 이런 반응에 아이가 이야기를 이해하지 못한 줄 알고 아이에게 이야기를 이해시키려고, 또는 자신이 이해하려고 자꾸 설명을 합니다. 아이들은 이럴 때 책 읽기가 싫어지죠. 그래서 책을 덮어 버립니다. 그러면 어른은 난감해합니다.

또 아이가 웃는 것은 어른이 들려주는 글과 그림이 다르다고 인지할 때 나타나는 반응이기도 합니다. 대부분 웃음의 포인트는 이야

『이건 내 모자가 아니야』, 존 클라센 글·그림, 시공주니어

기 속 인물에 맞추어집니다. 그림에서 글과는 다르게 주인공이 허무하게 당하거나, 전혀 다른 인물이거나, 우스꽝스러운 모습일 때 아이들은 웃습니다. 『이건 내 모자가 아니야』에는 작은 물고기가 모자를 가지고 물풀 속으로 달아나는 장면이 나옵니다. 작은 물고기가 말하는 "내가 잘 해낼 줄 알았다니까."라는 글과 함께요. 그런데 그림에서 큰 물고기는 작은 물고기가 어디로 갔는지 알고 있습니다. 이때 아이는 큰 물고기의 눈을 보고 웃음이 나옵니다. 작은 물고기의 생각과 다르다는 것을 글과 다른 그림을 보고 아이가 알게 된 것입니다.

그런데 다음 장면에서 커다란 물고기가 모자를 쓰고 있는 그림을 봅니다. 이 그림을 보던 아이는 크게 웃음을 터뜨리며 "모자가 너무 작아."라고 말합니다. 이때 어른은 아이가 이야기를 이해하지 못했다고 생각합니다. 그러나 아이는 모자의 주인은 큰 물고기이지만 커다란 몸에 우스꽝스럽게 얹혀 있는 모습을 보고 모자가 큰 물고기에게 어울리지 않는다고 생각하면서 웃음이 난 것입니다.

『이건 내 모자가 아니야』, 존 클라센 글·그림, 시공주니어

웃음은 지극히 개인적인 감정이라 나는 재미있어서 웃음이 나는 부분도 다른 사람에게는 재미있지 않을 수 있습니다. 그런데 아이와 함께 그림책을 읽는 어른은 아이가 왜 웃는지 모를 때가 있지요. 어른은 아이가 자신과 다른 부분에서 웃으면 아이가 이야기를 이해하지 못한 줄 알고 장황하게 설명을 해서 아이에게 이야기를 이해시키려고 합니다. 그러면 아이는 자기가 책을 마음껏 즐기지 못한다고 생각하고 결국 책 읽기에 싫증을 느끼게 됩니다.

뉴질랜드 도서관 사서이자 아동문학 평론가 도러시 화이트는 "어린이가 그림책 속에서 찾아낸 즐거움의 양에 따라 평생 책을 좋아하게 되느냐 그렇지 못하느냐가 결정된다."라고 했습니다. 아이가 그림책에서 즐거움을 찾아내는 방법 중 하나가 어른과 함께 그림책 읽기를 하는 것입니다. 그런데 읽는 과정에서 어른이 아이에게 자꾸 설명을 하면 아이는 자신만의 상상을 마음껏 할 수 없게 됩니다. 아이와 함께 그림책 속에서 즐거움을 찾는 과정을 즐기시기 바랍니다.

### 글을 아직 안 읽었는데 아이가 책장을 넘겨요

아이와 함께 그림책을 읽을 때 가장 큰 가치는 의미를 이해하고 발견하는 일입니다. 그래서 아이도 어른도 즐거움을 느끼는 것입니다. 그림책은 아이 혼자 읽기도 하지만 대부분 어른과 함께 읽습니다. 어른과 함께 그림책을 읽는 것은 아이가 혼자서 읽는 것보다 훨씬 더 즐거운 일입니다.

그런데 그림책 읽기가 괴로운 과정이 되면 어떨까요? 그림책 속의 의미 이해를 발견하지 못하고 그림책 읽기가 즐겁지 않을 것입니다. 어른과 아이가 그림책을 읽을 때 대부분 아이는 그림을 보고 어른은 글을 읽어 줍니다. 이때 어른은 글을 읽으려고 하고 아이는 책장을 넘기려고 합니다. 어른은 아이에게 "아직 글을 안 읽었는데 왜 책장을 넘기려고 해?"라고 하면서 아이의 행동을 제지합니다. 그럼 아이는 화가 나고 그림책 읽기에 흥미를 잃게 됩니다. 이러한 상황이 반복되다 보면 그림책 읽기는 아이에게도 어른에게도 괴로운 과정이 되겠지요.

왜 이런 문제 상황이 일어나는 걸까요? 우선 아이와 어른이 함께 그림책을 읽을 때 시선이 어디에 먼저 가는지를 알아보니 어른은 글에 먼저, 아이는 그림에 먼저 시선이 간다고 합니다. 정말 다르지요? 그렇다 보니 어른은 그림보다는 글을 끝까지 읽으려고 하고, 아이는 빨리 다음 그림을 보려고 하는 상황이 일어나게 됩니다.

그런데 앞에서도 계속 말했듯이 그림책은 어떤 책이지요? 글과 그림이 함께 이야기를 전달하는 책입니다. 따라서 글도 읽어야 하고 그림도 읽어야 합니다. 글만 읽거나 그림만 보아서는 의미를 제대로 이해하기가 어렵습니다. 어른도 아이도 모두 글과 그림을 함께 읽어야 하는 것이지요.

에즈라 잭 키츠 작가가 쓰고 그린 『눈 오는 날』(비룡소)의 내용을 예시로 살펴보겠습니다. 눈이 많이 내린 아침, 피터가 외투를 입고 밖으로 나갑니다. 그리고 눈 위에서 발자국을 만들며 놉니다. 이 장면에는 "이렇게 발자국을 만들며 걸어갔어요.", "이렇게도 발자국을 만들며 걸어갔어요."라는 글이 쓰여 있습니다. 그림으로는 피터가 만든 발자국 모양을 볼 수 있습니다. 양발의 앞이 벌어진 발자국과 양발의 앞이 모아진 발자국을요. 이렇듯 그림책은 글과 그림을 함께 읽어야만 의미를 제대로 이해할 수 있습니다.

또 그림책은 독자가 자유롭게 해석할 빈 자리가 많이 있는 책입니다. 독자에 따라 해석이 다양하고, 어디에 주의를 기울이고, 어떤 순서로 보는지가 달라서 어른도 아이도 반복해서 봐야 하는 책입니다. 아직 글을 읽지 못하는 아이가 위의 그림책 장면을 보았다면 다양한 해석이 나오겠죠. "횡단보도 위에 눈이 왔어요."라든가 "자동차 바퀴 자국일 것 같아요."라든가, 아니면 "몰라요." 등 아이의 경험과 상황에 따라서 그림을 보는 순서와 주의 깊게 보는 정도도 다를 수밖에 없습니다.

아이는 어른이 그림책을 읽어 주면 귀로는 그림책의 언어적 정보를 듣고 눈으로는 그림을 보면서 그림책의 내용을 파악하고 해석하

『눈 오는 날』, 에즈라 잭 키츠 글·그림, 비룡소

고 의미를 구성합니다. 다시 말해, 앞의 그림책 장면에서 어른이 "이렇게도 발자국을 만들며 걸어갔어요."라고 글을 읽어 주면 아이는 그림에서 발자국에 주의를 기울이게 됩니다. 어른도 아이가 보는 그림을 보면서 발자국의 모양을 파악하게 되지요. 그리고 각자 "피터가 눈 위에서 발자국 놀이를 했구나." 또는 "나도 피터처럼 눈 위에 발자국을 만들고 싶다." 등 다양하게 의미를 이해합니다. 그러면 아이는 그림책 읽기가 재미있어지고, 어른이 들려주는 이야기를 더 듣고 싶어 합니다. 그리고 그림에서 찾게 됩니다. 어른도 똑같이 아이가 보는 그림에 주의를 기울이면서 글에서 이해 못 한 부분을 이해하게 됩니다.

어른과 아이가 함께 그림책을 읽으며 서로 보지 못한 부분을 채워 간다면 그림책 읽기 과정이 더욱 즐거워집니다.

### 아이에게 어떤 질문을 해야 할까요?

자녀를 잘 키우고 싶은 소망은 모든 부모의 마음입니다. 육아에 지쳐 있다가도 옆집 엄마가 자녀 교육에 몰입하는 걸 보면 마음이 조급해집니다. 이럴 때 가장 손쉽게 시작할 수 있는 자녀 교육이 그림책 읽기입니다. 일단 책이라고 하면 부모들에게 신뢰가 있으니까요. 이렇게 쉽게 생각하고 도전한 그림책 읽어 주기가 실제로 해 보면 쉽지 않다고 대다수 부모가 고백합니다. 어떻게 읽어 주어야 하는지, 어떤 그림책이 좋은 그림책인지, 도서관에 비치된 수많은 그림책 중에서 어떤 책을 먼저 읽어 주어야 할지 난감하다며 고민을 털어놓습니다. "책 선정은 주위 엄마들이 추천한 책, 서평이 좋은 책, 저명한 상을 받은 책으로 하면 되던데, 막상 읽어 주다 보면 내가 그림책을 잘 읽어 주고 있는지 확신이 없어요."라고 말이지요. 그리고 자신이 정성껏 고른 그림책을 읽어 줄 때 어떤 질문을 하면 좋을지 궁금해지기 시작합니다. 그런데 이 궁금증은 그림책이 글과 그림으로 이야기를 담고 있는 책이라는 걸 인지하면 쉽게 해결되는 문제입니다.

작가는 글과 그림으로 자신이 전달하고 싶은 이야기를 그림책에 담아 놓았습니다. 그러니 자녀가 이야기를 이해하도록 하는 게 중요합니다. 이야기는 무엇인가요? 인간의 경험을 기술한 것이죠. 그럼 경험의 주체는 누구인가요? 바로 인물입니다. 그래서 질문은 인물 중심으로 구성하면 됩니다. 인물의 생각, 느낌, 행위에 초점을 두고 물어보는 거죠. "지금 주인공의 기분은 어떨까? 왜 그렇게 생각해?", "다음 장면에서는 어떻게 할 것 같아? 왜 그렇게 행동할까?", "주인공이 이런 행동을 하면 주변 인물들의 기분은 어떨까?" 등 인물에게 초점을 맞추어 질문하면 아이의 몰입을 방해하지 않으면서 이야기를 이해하는 데 도움을 줄 수 있습니다. 이때 아이는 이야기에 등장하는 인물이 처한 상황에 공감하며 자신의 경험을 떠올리기도 합니다. 아이의 이전 경험은 이야기를 이해하고 구성하는 데 원천이 되므로 자연스럽게 물어봐 주세요. 아이가 그림책의 이야기와 자신의 경험을 연결하는 과정은 이해력 향상에 도움이 되기 때문이죠.

이혜란 작가의 그림책 『뒷집 준범이』(보림)를 예시로 살펴보겠습니다. 온종일 방에 갇혀 외로운 시간을 보내는 준범이가 외부와 소통하는 통로는 방에 있는 작은 창문뿐입니다. 앞집 사는 아이들은 유치원 갈 때도, 밥 먹을 때도, 놀 때도 늘 함께인데 말이죠. 준범이의 정서가 그림에 녹아 있어서 준범이 방의 빛 변화와 준범이 정서를 연결 지어 이해하게 하는 질문을 하면 좋습니다. "지금 준범이 기분은 어떤 거 같아? 왜 그렇게 생각해?"라고 물어보세요. 아이는 "슬픈 것 같아요. 방이 어둡잖아요. 난 방이 어두우면 무서운데, 준범이한테도 친구가 있으면 좋겠어요.", "지금은 준범이가 행복해하는 거 같아요. 원래 준범이 방은 어두웠는데 친구들이 오니까 환해졌어요."라며 그림을 통해 준범이의 정서를 읽어 냅니다. 더불어 "유치원에 새로운 친구가 오면 ○○이는 어떻게 했어? 친구에게 먼저 말을 건넸어?"라고 자녀의 경험을 물어봐 주세요. 아이는 자신의 경험을 그림책 속 인물과 비교합니다. "선생님이 소개해 주셔서 금방 친해졌어요.", "난 강희처럼 씩씩해요. 내가 먼저 말을 걸었어요." 이

『뒷집 준범이』, 이혜란 글·그림, 보림

렇게 자신의 경험을 엄마 아빠에게 이야기하면서 아이의 표현력도 향상됩니다.

또 다른 예를 들어 보겠습니다. 앤서니 브라운 작가가 쓰고 그린 그림책 『고릴라』(비룡소)입니다. 이 책의 마지막 장면은 질문거리를 많이 담고 있습니다. 마지막 장면을 펼치고 아이에게 "아빠는 한나랑 동물원에 갈까?"라고 물어보세요. 그리고 그렇게 생각하는 이유도 물어보세요. 답을 머뭇거리면 그림을 자세히 보도록 유도합니다. 아빠의 바지 뒷주머니에 삐죽 나와 있는 바나나를 볼 수 있도록요. 이런 질문은 아이가 그림을 얼마나 읽고 있는지, 이야기를 얼마나 잘 이해하고 있는지를 점검할 수 있는 방법입니다. 이런 질문을 하기 위해서는 아이와 함께 읽기 전에 부모가 먼저 그림책을 읽고 이야기를 충분히 이해하고 있어야 합니다. 그래야 적절한 질문을 할 수 있겠지요. 질문은 자신이 알고 있는 것과 알지 못하는 것을 구분한 다음에 할 수 있으니 자신이 이해한 것을 확인하는 과정이기도 합니다. 아이들은 성인과 달리 자연스럽게 질문을 합니다. 이는

『고릴라』, 앤서니 브라운 글·그림, 비룡소

아이들이 성인들보다 유연하게 사고하고 도전 정신이 있기 때문이라고 볼 수 있습니다. 자신이 살아가는 세상, 자신과 타인의 삶을 성찰하기 위해 질문을 합니다. 그래서 부모는 자녀의 사고를 확장하고 성장시키는 방법을 알아야 하지요.

아이와 함께 그림책을 읽을 때 아이의 주관적인 반응을 지나치게 공유하다 보면 이야기에 집중하지 못하기도 합니다. 반대로 읽기에만 급급하다 보면 아이가 그림책을 충분히 감상하지 못할 수도 있지요. 아이가 자유롭게 반응하되 이야기에 몰입해 감상할 수 있도록 해야 합니다. 그러기 위해서는 질문의 질이 중요합니다. 무엇보다 이야기에 기반한 질문을 해야 합니다.

두 번째는 아이의 사전 지식을 불러일으키고 이를 활용하게 하는 질문을 해야 합니다. 사전 지식이란 그림책을 읽기 전에 그림책의 내용에 관해 이미 알고 있는 지식을 뜻합니다. 그림책의 장면들 중 한 장면을 고르세요. 본문 중 결정적 장면도 좋지만, 장면을 선택하기 힘들다면 표지로 시작해 보길 권유합니다. "지금 무슨 일이 벌어지고 있는 것 같아?", "다음에 어떤 일이 벌어질까?"라고 질문해 보세요. 그리고 제목과 그림을 바탕으로 본문을 예측하는 질문을 하서요. 아이는 자신이 예측한 내용과 비교하고 분석하며 종합하는 사고 과정을 그림책을 읽는 내내 경험할 것입니다.

앞에서 살펴보았던 데이비드 위즈너 작가의 『아기 돼지 세 마리』 표지를 보여 주면서 아이가 『아기 돼지 삼 형제』 이야기를 떠올릴 수 있도록 질문합니다. 아이는 "옛이야기와 제목이 달라요.", "가운

데 돼지는 색깔이 검어요. 형제가 아니라서 그런가요?" 등 자신이 알고 있는 모든 지식을 동원해 이야기를 이해할 준비를 합니다. 등장인물들이 이야기의 안과 밖을 자유롭게 넘나드는 이야기라 이해하기 쉽지 않음에도 아이는 자기의 사전 지식을 활용해 이야기를 이해합니다.

고미 타로 작가가 쓰고 그린 『창문으로 넘어온 선물』(비룡소)은 창문에 구멍을 만들어서 책장을 넘기지 않고도 다음 장면의 일부를 볼 수 있게 제작한 그림책입니다. "표지를 볼까?", "무엇이 보여?", "이 나무는 언제 봤어?", "저 상자는 무얼까?", "빨간색 소매의 주인공은 누구일까?", "언제 선물을 받았어?", "어떤 선물을 받았어?" 등을 질문한 다음 본문 읽기를 시작합니다. 본문을 읽을 때는 아이가 창문에 난 구멍을 통해 본 그림으로 창문 너머에 무엇이 있는지 예측하게 하세요. 아이는 책장을 넘길 때마다 자신의 예측을 뛰어넘는 장면을 만나게 되는데 이때 아이의 반응이 놀랍습니다. 자신의 예측과 달라서 실망하는 게 아니라 고미 타로 작가가 보여 주는 재치에 희열

『아기 돼지 세 마리』,
데이비드 위즈너 글·그림, 마루벌

『창문으로 넘어온 선물』,
고미 타로 글·그림, 비룡소

을 느끼거든요. 고미 타로 작가는 이 책을 읽는 아이의 지식과 경험에 따라 창문 너머 선물의 의미가 수천 가지 만들어질 수 있다고 말합니다. 여기서 창문은 아이에게 생각할 기회와 시간을 제공하는 역할을 하지요. 작가가 어린 독자들에게 선물로 준 이 창문을 통해 그림책의 장면을 넘길수록 아이의 생각도 혁신적으로 변화하기 시작합니다. 기존의 생각 틀에서 벗어나는 경험을 하게 되죠. 이런 경험이 반복되고 누적되면서 아이의 생각 틀은 놀랍도록 유연해집니다.

자녀의 질문에 답하다 보면 그림책 읽기가 마무리되지 않을 때도 있을 것입니다. 잡담하다가 시간을 낭비한 것 같다는 생각이 얼핏 들기도 하고, 아이가 그림책 읽기를 지루해하는 것 같아 걱정되기도 할 거예요. 그런데 아이들은 이런 질문과 답을 통해 삶을 성찰합니다. 중요하지 않은 질문들, 어찌 보면 살아가는 데 도움이 되지 않을 듯한 질문들에 실망하지 마세요. 아이들은 그림책 속의 세상을 통해 자신을 둘러싼 세상을 알아 갑니다. 점차 그 세상에서 자신이 어떻게 살아가야 하는지도 배우게 되죠. 아이들은 본래 질문하는 존재입니다. 사회의 시선이 두려워 자신의 호기심을 누르는 성인과는 다릅니다. 정답을 가르쳐 주려고만 하지 마세요. 정답은 아이들이 성장하면서 찾으니까요.

### 재미있게 읽어 주려면 어떻게 해야 하나요?

'재미있다'라는 말의 실체는 무엇일까요? 우리는 일상에서 "재미

있다.", "재미없다."라는 말을 많이 사용하면서 삽니다. 국어사전에서는 '재미'를 '아기자기하게 즐거운 기분이나 느낌'이라고 정의합니다. 하지만 이보다는 훨씬 복합적인 의미가 '재미'라는 단어를 통해 소통됩니다. '영화가 재미있다, 없다.', '책이 재미있다, 없다.', '놀이가 재미있다, 없다.' 등등 많은 행동과 본 것들에 대해 우리는 재미와 연관 지어 말을 합니다. '즐겁다'라는 단어는 좀 더 나 자신의 마음에서 느껴지는 상태를 표현하는 말이고, '재미있다'라는 단어는 내가 본 그 '대상' 안에 '재미'라는 알맹이가 존재한다는 것을 알립니다. 아이들은 단순히 웃긴 내용이나 우스꽝스러운 그림이 담긴 그림책을 보았을 때뿐만 아니라 감동적인 내용의 그림책, 슬픈 내용의 그림책을 읽은 뒤에도 "재미있다."라고 말합니다.

그렇다면 아이들은 어떤 이유로 그림책을 읽고 재미있다고 느낄까요? 먼저 그림책에 재미 요소가 듬뿍 담겨 있을 때이고, 또 하나는 그림책을 재미있게 읽어 줄 때입니다. 즉, 동화 구연입니다. 같은 그림책이라도 어떻게 읽어 주느냐에 따라 재미와 몰입도는 달라집니다. 동화 구연은 목소리의 높고 낮음, 길고 짧음, 강하고 약함, 느리고 빠름, 호흡 처리 등으로 이야기 속 주인공이 되어 감정을 넣어 이야기하는 것입니다. 이때 이야기를 보다 흥미 있고 실감 나게 들려주기 위해 표정과 몸짓 등의 보조 방법을 함께 사용하기도 합니다.

재미있게 읽는 동화 구연 방법 몇 가지를 소개하면 다음과 같습니다.

첫째, 책 읽듯 줄줄 읽지 않고 자연스럽게 말하듯이 읽어 주어야 합니다. 보통은 막상 책을 펼쳐 읽기 시작하면 나도 모르게 자연스러움과는 멀어지고 줄줄 책을 읽게 됩니다. 그래서 의식적으로 노력해야 하고, 연습이 필요합니다.

조금 쉽게 연습하는 방법으로 기존의 제작물을 활용하면 좋습니다. 즉, 어린이용 TV 애니메이션 영상이나 비디오 영상물의 성우 목소리를 따라 연습해 보는 것입니다. 그리고 이야기 중간중간 시차 변화에 분위기를 바꾸는 느낌으로 읽어 주면 좋습니다. 예를 들어 '어느 날', '바로 그때', '다음 날 아침', '몇 년 뒤' 등과 같은 시간을 나타내는 부사가 나오면 말의 속도와 크기를 조절해 분위기가 바뀐 느낌이 들도록 이야기합니다.

같은 말이 반복될 때는 고저, 장단, 강약 등을 다르게 해 책 읽기가 따분해지지 않도록 하는 것이 좋습니다. 반복되는 의성어, 의태어의 경우에는 앞부분은 높고 길게, 뒷부분은 낮고 짧게 읽는 것이 생동감 있고 사실적으로 표현하는 방법입니다.

둘째, 그림책을 읽어 줄 때 잊지 말아야 할 점은 억지로 예쁘게 꾸미지 않는 것입니다. 과거에는 옥구슬이 굴러가듯 한껏 꾸민 목소리로 구연하는 것을 잘하는 것으로 생각하던 시절이 있었습니다. 말 그대로 과거의 이야기입니다. 지금은 자신의 목소리로 말하듯이 자연스럽게 하면 됩니다. 자신의 목소리 특성을 인식한 다음 소리가 작은 사람은 고성 발성 연습을 하고, 음질이 탁한 사람은 유음 계통의 발성 연습을 하고, 음폭이 좁은 사람은 파열음 계통의 발음 연습을 하면 좋습니다. 그리고 등장인물을 지나치게 사실적으로 표현한다면 이 또한 거부감을 느낄 수 있습니다.

셋째, 그림책을 읽어 주는 성인의 발음이 정확해야 합니다. 아이들은 어른의 소리를 따라 하는 경향이 있습니다. 입 모양과 혀의 위치를 정확히 하여 되도록 정확한 발음으로 읽어 주어야 합니다. 정확한 발음과 발성으로 읽어 주는 것은 이야기를 전달하는 데 있어 큰 장점이 됩니다.

마지막으로 무엇보다도 아이와 읽기 전에 그림책을 분석하면 좋습니다. 이는 그림책의 전체적인 내용에 따라 목소리 설정이 달라지고, 동화 속 화자끼리 원근 관계에 따라 음성의 설정이 달라지기 때문입니다. 사전에 읽고 등장인물의 성별, 나이, 성격, 분위기 등을 파악한 다음 읽어 준다면 재미를 극대화할 수 있습니다.

예를 들어, 마크 서머셋 작가가 쓰고 로완 서머셋 작가가 그린 그림책 『똑똑해지는 약』(북극곰)을 분석해 보겠습니다. 등장인물들의 목소리를 설정해 볼까요? 등장인물은 두 동물입니다. 이 책은 장면 대부분이 두 동물의 대화체로 이루어져 있습니다. 따라서 두 동물의 목소리 캐릭터만 잘 잡으면 쉽게 읽어 줄 수 있습니다. 이 책처럼 등

『똑똑해지는 약』, 마크 서머셋 글, 로완 서머셋 그림, 북극곰

장인물이 적으면 구연하기가 훨씬 수월하지요. 등장인물이 많은 이야기는 설정한 인물의 목소리가 중간에 달라질 수 있습니다. 이 점을 유의해야 합니다. 더 많은 연습이 필요하겠지요?

『똑똑해지는 약』은 두 동물의 이름으로 목소리 설정을 어느 정도 가늠할 수 있습니다. 등장인물은 어린 양 '메메'와 칠면조 '칠칠이'입니다. 메메는 친구를 감쪽같이 속일 정도로 영리하고, 칠칠이는 이름에서 느껴지는 것처럼 조금 어리숙하고 칠칠찮은 듯합니다. 메메는 작고 똑 부러지는 성격의 똑순이 여자아이 목소리로 설정해 보면 어떨까요? 여자아이의 목소리는 입술에 힘을 주고 입을 작게 벌려 목에서 가늘게 소리를 내면 됩니다. '삐약 삐약 삐약'을 소리 내 연습해 본 뒤 여자아이의 목소리를 내면 좀 더 수월합니다. 메메의 나이는 칠칠이와 같이 7세 정도로 설정해 봅니다.

메메가 여자아이이므로 칠칠이는 상대적으로 남자아이로 설정해 구별하기 쉽게 합니다. 반대로 해도 무관합니다. 더 마음에 드는 주인공을 자녀의 성별에 대비해 설정해도 괜찮습니다. 칠칠이의 목소리는 조금 낮고 어눌하게, 속도는 느리게 하면 어떨까요? 이렇게 두 주인공의 나이, 성별, 성격을 설정했으니 이제 재미있게 책을 읽으면 됩니다.

이 책을 읽어 주는 또 하나의 팁은 두 동물이 대화를 주고받을 때 문장과 문장의 사이를 짧게 하는 것입니다. 대화가 끝나자마자 살짝 오버랩되듯이 다음 문장을 말하는 것이죠. 간격이 짧으면 좀 더 빠른 전개로 긴장감을 유발하고 현장감이 느껴져서 책에 더 몰입할 수 있습니다. 등장인물의 성격과 일치하는 목소리, 실감 나게 표현되는 의성어와 의태어, 독특한 억양이나 말투, 자연스러운 대화체의 구연은 아이들을 더 큰 재미의 세계로 빠뜨립니다.

  이와 같이 이야기 속의 주인공이 되어 감정을 넣어 그림책을 읽어 주면 좋습니다. 여기에 표정과 몸짓 등을 곁들인다면 이야기가 보다 흥미롭고 실감 나게 들릴 것입니다. 특히 그림책을 좋아하지 않는 아이라면 더욱 아이가 좋아할 만한 주제의 재미있는 그림책을 고르고 구연을 곁들여서 책 읽기를 해 주는 것이 좋겠지요.

  재미란 인간이 추구하는 기쁨과 즐거움을 누리는 정서이며, 또는 즐거움의 주요한 동기입니다. 다시 말해, 그림책을 읽을 때 실감 나는 구연은 아이들을 재미의 세계로 빠져들게 합니다. 이는 곧 다른 그림책을 읽고자 하는 동기가 되고 책을 좋아하게 만드는 작은 씨앗이 됩니다.

3장

# 그림책 읽기 후에
# 발생할 수 있는 문제 상황

**같은 그림책을 계속 읽어 달래요**

우리 집 책장에 꽂혀 있는 책들을 한 권 한 권 다 읽어 주고 싶지요? 그런데 아이가 얼마 전부터 같은 책만 읽어 달라고 합니다. 아이가 그림책을 좋아하는 건 참 다행인데 매번 같은 책만 읽어 달라고 하니 난감합니다. 이런 고민을 하는 부모가 많습니다. 부모 교육이나 교사 교육을 진행하다 보면 종종 묻곤 하는 질문 사항입니다. 우리 아이가 음식뿐만 아니라 그림책 또한 편식하지 않고 골고루 읽었으면 하는 것은 모든 부모의 바람일 테지요.

그런데 아이는 왜 같은 책만 계속해서 읽어 달라고 할까요? 선뜻 이해되지 않을 거예요. 어른들은 보통 같은 책을 몇 번 읽어 주면 아이가 충분히 알고 이해했다고 생각합니다. 하지만 아이들은 같은 책을 읽어도 매일 다르게 이해하고, 매일 다른 걸 깨닫고, 매일 다른 재미를 느낍니다. 어른의 눈에는 그림책의 내용이 단순하고 쉬워 브일지 몰라도 아직 경험과 지식이 부족한 아이의 입장은 그렇지 않습니다. 아이는 자신의 눈높이만큼만 이해합니다. 따라서 반복해서 읽으면서 매일 다르게 해석하고 이해의 폭을 넓혀 가는 것이지요. 아이의 행동에는 그만한 이유가 있습니다.

어른들도 이와 같은 경험을 합니다. 읽고 나서 이해되지 않거나 재미를 못 느꼈던 책을 얼마의 시간이 지난 어느 날 다시 펼쳐 읽었을 때 전에는 미처 몰랐던 의미를 깨닫거나, 작가의 의도를 새삼스럽게 파악하게 되는 경험을 합니다.

이와 비슷한 맥락으로 같은 그림책을 계속 읽어 달라고 하는 건 아이가 지나간 내용을 확인하고 싶거나, 모르는 내용을 더 자세히 알고자 하거나, 또는 재미있게 읽은 내용에 애착이 생겼기 때문입니다. 또한 아이가 새로운 것에 대한 막연한 두려움, 무서움, 불안감에서 벗어나고자 내용을 이미 다 알고 있는 그림책을 몇 번이고 반복해서 읽어 달라고 할 수도 있습니다. 아이는 새로운 것보다는 자신이 이미 아는 것, 알고 있는 내용에서 편안함을 느끼고 안정감을 찾습니다. 그렇기에 이미 경험한 익숙한 것을 자꾸 찾는 것이지요.

같은 책을 반복해서 읽는다고 해서 새로운 그림책에 대한 무조건적인 거부는 아닙니다. 경험한 것 안에서 더 많은 것을 찾고 탐색하려는 과정입니다. 부모의 눈에는 똑같은 그림책을 읽는 것처럼 보이지만 그림을 주로 읽는 아이들은 이전에 미처 찾지 못했던 다른 부분을 보고 색다름을 느낍니다. 반복해서 읽는 책이라고 해도 아이들은 그 책에서 여전히 새로운 상상의 요소와 호기심과 재미를 찾아 느낍니다.

또한 읽어 주는 어른이 매번 다른 재미 요소를 보태서 색다르게 책을 읽어 준다면 또 다른 분위기나 느낌으로 재미를 느끼겠지요. 리듬감 있는 언어로 감정을 듬뿍 담아 다시 읽어 주면 아이는 풍부한 상상의 세계로 거듭 빠져들게 됩니다.

아이들 대부분은 어느 정도 시간이 지나면 자연스럽게 새로운 그림책으로 관심을 돌리므로 크게 걱정하지 않아도 됩니다. 만약 반복해서 읽기가 오랫동안 지속된다면 그 책과 비슷한 그림체의 책이나 같은 작가의 다른 책, 같은 주제의 다른 책으로 조금씩 천천히 유도해 나가는 것이 좋습니다. 다만, 조급해하면 안 됩니다.

조급한 마음으로 무작정 다른 책을 제안하기보다는 아이가 어떤 책에 흥미를 보이고 요즘 좋아하는 주제가 무엇인지 파악한 다음, 그와 관련된 책을 추천하는 것이 좋습니다. 강압적으로 다른 그림책을 권하면 오히려 책 읽기를 싫어하거나 반복해 읽는 책에 더 애착을 가질 수도 있습니다. 그리고 같은 책을 반복해서 읽어 준다고 허서 건성건성 읽어서도 안 됩니다. 부모는 아이가 새로운 대상과 상황에 자연스럽게 관심을 가질 수 있도록 다양한 경험을 하게 이끌어 주면서 다른 책을 받아들일 때까지 기다려 주어야 합니다.

그림책에는 글만 있는 것이 아니라 그림도 함께 있습니다. 글자를 모르는 아이들은 그림을 읽습니다. 그림책의 그림은 글자와 달리 다양한 해석이 가능합니다. 따라서 아이들은 같은 책을 반복해서 읽어도 읽을 때마다 다른 재미 요소를 즐기면서 다양한 해석을 하는 것이지요. 그러니 아이들이 반복해서 읽고 싶어 하는 책은 반복해서 읽어 주셔도 좋습니다. 그림책을 읽을 때마다 아이가 발견하는 재미는 무궁무진하다는 점을 기억하세요.

예를 들면, 존 버닝햄 작가의 『검피 아저씨의 뱃놀이』(시공주니어)를 좋아하는 우리 아이입니다. 검피 아저씨가 타고 있는 배에 친구들과 다양한 동물들이 태워 달라고 합니다. 아저씨는 말썽을 부리지 않는다는 조건으로 모든 친구를 배에 태워 줍니다. 그러나 약속과 다르게 아저씨의 말을 듣지 않고 그 바람에 모두 물에 빠집니다. 반복되는 대화와 의성어, 의태어가 리듬감을 주어 재미를 더하는 책입니다.

아이들이 좋아할 만한 주제를 많이 담고 있는 책이기도 합니다. 이 책을 반복해서 읽는 아이라면 존 버닝햄 작가의 『검피 아저씨의 드라이브』(시공주니어), 『검피 아저씨의 코뿔소』(시공주니어)를 함께 읽도록 권하면 좋습니다. 같은 작가, 같은 주인공, 같은 그림체, 같은 패턴, 같은 탈것의 이야기이므로 아이가 자연스럽게 다른 책을 받아

『검피 아저씨의 뱃놀이』, 존 버닝햄 글·그림, 시공주니어

들이게 됩니다. 이 밖에도 존 버닝햄 작가의 『야, 우리 기차에서 내려!』(비룡소), 『마일즈의 씽씽 자동차』(비룡소) 등도 함께 읽어 보면 좋습니다. 그리고 점차 다른 주제, 다른 작가의 책으로 확장해서 권해 보세요.

### 요즘 그림책, 가끔 이해가 안 돼요!

'그림책이 이상하다.'라고 한 번쯤 생각해 본 적 있으신가요? 한 번에 얼른 이해되지 않는 책들을 종종 만나게 됩니다. 그런 책을 아이들이 이해할 수 있을지 고민한 적도 있으시지요? 의외의 이야기 구조에 의아해하지는 않으셨나요? 이야기 속에서 도대체 누가 이야기하고 있는지 알 수 없었던 경험도 있으시죠?

과거의 그림책과 비교해 요즘 그림책은 포스트모더니즘이라는 사조가 들어가는 도드라진 특성 때문에 위와 같은 반응들이 나타납니다. 시대적 흐름에 따라 자연스럽게 포스트모던 그림책이라는 한 장르가 생겼습니다. 포스트모던 그림책이란 기존의 '일반'그림책과는 구별되는 특성이 있는 책을 말합니다.

일반 그림책은 본문에만 집중하게 하고, 글과 그림의 비중이 같거나 그림보다는 글이 조금 더 큰 비중을 차지하고, 한 개의 시점이 이끄는 선형적인 이야기 구조로 이루어져 있어서 한 번 읽고 이야기의 이해가 가능한 경우가 많습니다.

하지만 포스트모던 그림책은 본문 이외에 주변 텍스트에도 많은 의미가 담겨 있으며, 현실과 환상의 경계가 불분명해 어디까지가 현실이고 어디서부터가 환상의 세계인지 알아채기 힘들고, 기존의 질서와 상식의 틀을 깨는 '전통, 관습의 붕괴'가 나타납니다. 또한 작가가 직접 등장해서 독자에게 이야기가 허구 fiction 임을 의도적으로 알리는 형식을 취하고, 하나의 그림책 안에서 여러 개의 이야기를 동시에 하는 다중 서사의 이야기 형식을 취하고, 다른 텍스트를 연상시키고, 이야기의 끝을 독자에게 맡기는 열린 결말로 매듭짓는 등의 특징을 지니고 있습니다. 그러니 이상하기도 하고 한 번에 쉽게 이해되지 않는 것이 당연합니다.

이러한 특징을 지닌 포스트모던 그림책은 그림을 자세히 살펴볼 수 있는 시간적 여유를 가지고 순환적 읽기를 해야 합니다. 다시 말해 반복 읽기를 해야 하고, 같은 그림책을 읽은 다른 독자들과 의미를 교환하며 읽어야 하고, 상호 텍스트적 읽기를 해야 합니다. 상호 텍스트적 읽기는 연결된 다른 텍스트를 통해 의미를 좀 더 명확하게 이해하거나 확장할 수 있습니다.

포스트모던 그림책에 상징과 은유가 더욱더 많아졌는데, 이는 독자가 생각해야 할 부분이 많아졌다는 것을 의미합니다. 포스트모던 그림책은 상식의 틀을 깨는 장면으로 독자에게 더 큰 재미를 선사하고, 독자와 텍스트 사이의 거리를 좁혀 적극적으로 읽기에 참여하게 하며, 독자에게 창작할 기회를 제공하고, 하나의 사건을 통해 여러 등장인물의 목소리를 듣게 함으로써 등장인물들이 처한 상황에 따라 사건을 바라보고 이해할 수 있도록 합니다. 그리고 의미 있는 표지, 면지, 판형 등으로 책 읽는 재미를 더하고, 비판적 시각을 갖도록 해 주며, 현실에 대한 통찰력을 제공합니다. 작가가 전하는 메시지를 파악하고 의미 구성을 한다면 그 어떤 책보다 재미를 느낄 수 있습니다.

예를 들면, 로렌 차일드 작가의 그림책 『쉿! 책 속 늑대를 조심해!』(원제: Beware of the Storybook Wolves)』 표지를 살펴보면 제목의 글씨 크기, 글씨체의 굵기 등을 다양하게 사용했습니다. 작가는 표지뿐만 아니라 본문의 내용에서도 11가지의 다양한 글씨체와 글자 색으로 활자를 디자인해 의미를 보충 설명합니다. 즉 타이포그래피를 활용한 것이지요.

또한 이 책에서는 어디선가 본 듯한 주인공들을 만날 수 있습니다. 『빨간 모자』와 『아기 돼지 삼 형제』, 『잠자는 숲속의 공주』, 『헨젤과 그레텔』, 『신데렐라』입니다. 원전 그림책에서 악역이나 조연으로 등장했던 인물들이 『쉿! 책 속 늑대를 조심해!』 이야기에 투입되어 새롭게 이야기를 이끌어 갑니다. 이처럼 작가는 하나의 그림책 안에 여러 개의 옛이야기를 집어넣었습니다. 상호 텍스트성을 십분 활용해 이야기를 꾸민 것입니다.

『쉿! 책 속 늑대를 조심해!』는 포스트모던 그림책의 특징을 많이 포함하고 있습니다. 따라서 이 책을 읽을 때는 전통적 읽기 방식이 아니라 글과 그림, 그리고 제목, 저자 이름, 면지, 각주 등과 같이 본문을 보완하는 파라텍스트 paratext 를 오가며 비선형적인 방식으로 책을 읽어야 합니다. 또한 한 번 읽고 이야기의 내용을 이해하는 것이 아니라 마치 놀이를 하듯이 책을 반복해서 여러 번 읽어야 합니다.

두 번째 예시 그림책은 요르크 뮐러 작가의 『책 속의 책 속의 책』(비룡소)입니다. 이 책은 '미장아빔 mise en abyme'이라는 서사 장치를 사용해 환상적인 광경이 끝없이 펼쳐지게 합니다. '미장아빔'은 주인공의 심리 상태를 반영하는 거울의 역할을 하고, 환상과 현실을 넘나들며 또 다른 이야기 공간으로 확장하는 역할을 하고, 작가와 독자, 작가와 등장인물이 만나는 장소가 되기도 합니다. 작가는 현실과 환상이 교묘하게 겹치는 장소를 책으로 설정하고, 주인공이 책으로 들어가 이야기를 결말짓고 자신을 구해 준다는 내용을 담습니다.

'책 속의 책 속의 책'이라는 책을 만들려다가 끝없이 계속되는 이야기에서 빠져나오지 못하고 책을 읽는 주인공에게 도움을 구하는 이야기 속 작가는 이 책의 실제 작가인 요르크 뮐러입니다.

이 책은 커다란 판형, 선물 포장이 찢긴 듯한 표지 그림, 3D 입체 안경, 액자 속에 반복되는 그림, 이야기 속으로 들어가는 주인공, 실제 작가의 등장 등으로 독자에게 기존의 그림책에서 경험하지 못했

『책 속의 책 속의 책』, 요르크 뮐러 글·그림, 비룡소

던 낯섦과 신선한 재미를 선사합니다.

   3D 입체 안경은 책 속의 그림을 제대로 볼 수 있도록 해 주는 역할뿐 아니라 이 책을 읽는 어린 독자에게 책 속의 주인공과 같은 경험을 하도록 해 줍니다. 책이란 작가의 일방적인 독백이 아니라 독자의 참여를 통해 함께 만들어 가는 것임을 말하고 있습니다. 그리고 독자가 책을 읽고 있는 지금도 이야기는 계속되고 있으며, 적극적으로 이야기 속으로 들어와 함께 즐기기를 권합니다.

   그렇다면 '독자가 왜 포스트모던 그림책의 특성을 알아야 할까?'라는 의문이 들기 시작합니다. 교사나 성인이 그림책을 읽어 줄 때, 위와 같은 포스트모던 그림책의 독특함 때문에 영유아에게 읽어 주는 것에 곤혹스러움을 느끼는 경향이 높습니다. 따라서 포스트모던 그림책의 특성을 알아채는 것만으로도 아이들에게 그림책을 어떻게 읽고 해석하는지에 대해 도움을 줄 수 있습니다.

   아이에게 책을 읽어 주는 과정에서 표지와 면지를 꼼꼼히 살펴보면서 이야기를 예측해 보고, 그림책 속에서 작가가 드러나는 경우 "이 사람은 누구일까?", "왜 여기에 나왔을까?" 같은 질문을 함으로써 아이가 작가를 인식할 수 있도록 도와주어야 합니다. 또한 이야기에 다른 이야기가 들어 있는 그림책이나 패러디 그림책은 원전 그림책을 찾아 함께 읽으며 이해를 도와야 합니다. 반복 읽기를 통해 작가가 전하고자 하는 의미를 깊이 있게 구성하려는 노력 또한 해야 합니다. "이 책의 작가는 이렇게 생각했구나. ○○이는 어떻게 생각하니?" 등의 질문을 던져서 열린 사고를 할 수 있는 기회를 제공하고, 그림을 자세히 살펴볼 시간을 주어야 합니다.

　요즘은 포스트모던 그림책의 등장으로 그림책 읽기가 쉽지 않습니다. 따라서 되도록 성인과 함께 그림책 읽기를 하는 것이 바람직하며, 성인은 아이들의 반응에 성의 있게 호응하면서 다양한 이야기를 나누는 함께 읽기를 해야 합니다.


### 언제까지 읽어 주어야 하나요?

　먼저 질문을 몇 가지 해 보겠습니다. 아이가 글자를 읽을 수 있어도 성인이 그림책을 읽어 주어야 한다고 생각하나요? 아이 스스로 읽는 것보다 더 좋다고 생각하나요? 그렇다면 언제까지 읽어 주는 것이 좋을까요? 아이가 읽어 달라고 할 때까지 읽어 주면 될까요?

　'부모가 읽어 주는 것이 아이들 정서에도 좋고, 그림책을 매개로 아이와 소통하기도 좋고, 아이의 사고력을 키우는 데도 도움이 된다고 하던데 언제까지 읽어 주어야 하지?'라는 의문을 품게 되시죠?

　또 많은 부모가 아이의 나이가 어느 정도 되면 스스로 책을 읽어야 한다고 생각합니다. 우리나라는 보통 이 시기를 초등학교 입학 시점으로 생각합니다. 아이들 또한 마찬가지입니다. 초등학생만 되면 자신이 컸다고 생각하기에 스스로 읽어야 한다고 생각하죠. 초등학생 부모가 "그림책 읽자."라고 말하면 아이들은 "내가 아기야? 그림책을 읽게!"라고 대답합니다. 이렇게 반응하는 초등학생들에게는 부모의 생각과는 다르게 지속적인 그림책 읽어 주기가 조금 힘들겠지요.

현실적으로도 부모의 손길이 좀 더 필요한 동생이 있거나 부모 자신이 조금 귀찮아져서 아이에게 스스로 읽기를 권하기도 합니다. 그리고 한편으로는 스스로 읽어야 읽기 속도도 늘고 책도 많이 읽을 수 있다고 생각합니다. 그렇지만 실제 읽기 독립이 된 아이라고 해도 아이에게만 책 읽기를 맡길 것이 아니라 부모가 지속해서 아이와 함께 읽기에 참여해 주어야 합니다.

그림책 읽기가 단순히 읽기에만 집중하는 것이 아니라, 읽기 중 생기는 아이의 궁금증을 해결하고, 아이의 반응에 반응하고, 그림 읽기를 함께 하고, 아이가 미처 알아채지 못한 부분을 함께 찾아 보며 이야기를 나누고, 발문으로 사고를 확장하고, 이해하지 못한 부분을 이해할 수 있도록 힌트를 주고, 함께 경험했던 이야기를 나누면서 읽는 것일 때 혼자 읽는 그림책 읽기와는 확연히 다른 시간이 됩니다. 성인과 함께 읽을 때 일어나는 상호작용은 아이의 사고력 신장에 도움을 줄 뿐만 아니라 집중력을 키우고 정서 지능을 높여 줍니다.

김영훈 박사(2014년)는 좌뇌와 우뇌가 발달하는 시기가 다르다고 말하면서 취학 전에는 '이미지의 뇌'라고 할 수 있는 우뇌가 발달하고, 초등학교 취학 후 1학년부터 6학년까지는 '언어의 뇌'라고 할 수 있는 좌뇌가 발달한다고 했습니다. 그렇기에 최소한 좌뇌가 완전히 발달하는 초등학교 6학년까지는 성인과 함께 그림책을 읽는 것이 최상의 방법이라고 할 수 있습니다.

다시 강조하자면, 그림책 읽기는 아이가 어른이 들려주는 글의 이야기를 듣고, 아이 자신은 그림을 읽으며 이해하는 것이 좋습니다. 성인과 함께 하는 그림책 읽기는 아이의 우뇌와 좌뇌를 골고루 발달시키는 효과를 줍니다. 즉, 그림책은 누군가가 읽어 주었을 때 더 빛을 발하는 매체입니다. 따라서 최소 초등학교 6학년, 그러니까 13세까지는 이 과정을 지속해야 합니다.

그림책 읽기 과정에서 그림에 집중하며 스토리를 듣고 이해하는 아이들은 내용을 잘 기억할 수 있고, 그림의 이미지를 통해 좀 더 쉽게 상상할 수 있습니다. 좋은 그림에 집중하는 것은 심리적으로도 좋은 영향을 끼칩니다. 아이들은 성인이 읽어 주는 책 내용과 자신이 본 그림을 매치해서 책에 담긴 이야기를 더욱더 깊게, 또 다양한 시각으로 바라볼 수 있게 됩니다. 혼자 그림책 읽기를 하는 아이보다 성인과 함께 그림책 읽기를 하는 아이가 그림책에 더 높은 흥미와 관심을 보입니다.

시간이 지나면 아이 혼자 책을 읽는 횟수와 성인과 함께 읽는 횟수의 비율을 알맞게 조정하면서 그림책 읽는 시간을 갖는 것이 좋습니다. 성인이 읽어 줘야 하는 시간과 시기를 정하는 것이 아니라 아이가 원하는 만큼 거부하지 말고 적극적으로 읽어 주는 것이 중요합니다.

아이가 중·고등학교 때까지 책을 읽어 달라고 할까 봐 걱정되시나요? 걱정하지 마세요! 성인에게 읽어 달라고 하는 횟수는 점점 줄어듭니다. 그리고 읽어 달라고 하면 읽어 주세요. 고등학생과 함께 그림책을 읽는 가족의 모습을 어떻게 생각하세요? 징그러우신가요? 아닙니다. 아이가 커 갈수록 책의 텍스트 분량 또한 많아집니다.

끝까지 소리 내어 읽어 준다는 건 쉽지 않습니다. 자연스럽게 혼자 읽는 시기가 옵니다. 우리는 이 시기가 최대한 늦춰지도록 노력해야 합니다.

우리 아이가 11세 정도이고, 그림책을 좋아하고, 계속해서 읽어 달라고 하는 아이라면, 오늘 골라 온 책들 중 몇 권은 아이가 엄마에게 읽어 주고 몇 권은 엄마가 아이에게 읽어 주는 방법을 이용하는 것도 좋습니다. 그리고 그림책의 수준이 낮아 초등학교 고학년까지 읽을 만한 그림책이 없을까 걱정하지 않으셔도 됩니다. 그림책은 누구나 읽을 수 있는 책입니다.

예를 들면, 브리타 테켄트럽 작가가 쓰고 그린 『빨간 벽』(봄봄출판사)이 그런 그림책입니다. 작가는 두려움을 모르는 사람들을 위해, 그리고 벽 없는 세상을 위해 이 책을 만들었다고 합니다. 나이가 어린 독자는 작가가 전하려는 메시지를 온전히 이해하기 조금 어려울 수 있습니다. 초등학생도 저학년보다는 고학년으로 올라갈수록 자신의 경험과 빗대어 생각하면서 조금 더 쉽게 작가의 메시지를 이

『빨간 벽』, 브리타 테켄트럽 글·그림, 봄봄출판사

해할 수 있습니다. 성인은 작가가 전하는 메시지를 이해하면서 자기 성찰을 하게 되는 책입니다.

우리 마음속에 품은 두려움은 또 다른 두려움을 낳고, 그 두려움은 자신을 움츠러들게 만들고, 호기심을 차단하고, 궁금증을 차단하고, 활동의 폭을 좁히고, 원하고 바라는 것을 잊게 하고, 우리를 현재의 상태에 만족하게 합니다. 이러한 두려움 때문에 우리는 많은 것을 놓치고 맙니다. 이 책에서 '빨간 벽'은 무언가를 나누는 경계입니다. 이 경계에 대해 끝없이 의혹을 품고, 관심을 가지고 질문하는 꼬마 쥐가 있습니다. 꼬마 쥐는 벽 안에 살고 있지만, 벽 너머 세상이 어떤지 궁금합니다. 끊임없이 품는 궁금증과 호기심이 벽 너머의 세상을 알게 하고 벽의 존재를 알게 합니다.

이 책은 우리가 스스로 만든 벽 때문에 많은 것을 잃고 살고 있으며, 그 벽을 허물 수 있는 것은 자신의 열린 마음과 생각이라고 말합니다. 또한 독자들에게 호기심을 서슴없이 표현하고 궁금증이 생기면 질문을 함으로써 스스로 만든 두려움의 벽을 없앨 수 있다고 말합니다. 초등학생뿐만 아니라 어른에게도 의미 있는 책입니다. 결코 수준 낮은 그림책은 없습니다. 걱정하지 마시고 아이와 되도록 오랫동안 그림책 읽기를 함께 하세요.

### 이 부분도 읽어야 하나요?

모든 책은 내용이라고 할 수 있는 본문만으로 구성되어 제시되는 경우가 없습니다. 책의 실제 내용인 본문 외에 그 의미를 완성하는 데 꼭 필요한 주변 요소들이 공존하는 거지요. 이 주변 요소들을 일컬어 '파라텍스트 paratext'라고 합니다. '곁'이란 뜻의 '파라 para'와 '텍스트 text'로 이루어진 용어 '파라텍스트'는 어떤 방식으로든 서사와 관계되는 서사 외부의 물질, 즉 책의 표지, 제목, 속표지, 면지 등의 속성을 말합니다.

그림책의 파라텍스트는 본문의 글과 그림을 담고 있는 하나의 그릇일 뿐만 아니라 글, 그림과 함께 상호작용하는 그림책의 세 번째 구성 요소로서 이야기 구조와 깊은 관계를 맺고 있습니다. 즉, 그림책은 글과 그림뿐 아니라 오감으로 인식되는 인쇄 매체의 모든 디자인적 요소 하나하나가 전체 작품에 영향을 끼칩니다. 특히 최근 많은 그림책 작가들은 이 부분에 큰 의미를 담아 그림책을 만들고 있습니다.

그림책 작가들은 책의 내용과 의미에 따라 가로세로의 길이를 달리한 판형을 사용하기도 하고, 면지를 이용해 이야기의 함축된 의미를 표현하기도 하며, 이야기의 전체적인 분위기나 이야기의 시작과 끝을 의미 있게 전달하기 위해 파라텍스트를 적극적으로 활용합니다. 따라서 그림책은 글만을 이해하고 그림만을 이해해서 되는 책이 아니라 글, 그림, 파라텍스트가 결합하고 융합되면서 생겨나는 의미들까지 해석하고 이해해야 합니다.

독자는 그림책의 앞표지에서 뒤표지까지의 글과 그림이 어떤 의미를 전달하는지 촉각을 곤두세워야 합니다. 왜냐하면 그림책은 특히 제목이나 표지 그림이 책 선택과 읽기 전 의미 구성에 끼치는 영향이 지대하기 때문입니다.

표지가 그림책 속 이야기 세상으로 통하는 문의 역할을 한다면 제목은 마치 문패와 같습니다. 제목은 그림책이 어떤 이야기를 담고 있는지 관심을 가지게 하고, 이야기의 내용을 예측하는 데 단서가 되기도 하며, 어떤 내용인지 궁금증을 불러일으키게도 합니다. 제목은 이야기를 한 단어 또는 문장으로 함축해 놓은 것이라고 할 수 있습니다. 따라서 본내용을 예측하는 단서이므로 내용을 예측할 수 있는 질문을 통해 아이들과 함께 이야기를 상상해 보는 활동을 하면 좋습니다.

앞에서 살펴보았던 『이건 내 모자가 아니야』의 표지는 넓은 바다를 나타내듯 가로가 긴 판형으로 디자인했고, 검은색 바탕에 모자를 예쁘게 쓴 작은 물고기가 어디론가 헤엄쳐 가고 있습니다. 물방울은 물고기가 헤엄쳐 가는 방향을 알려 줍니다. 깊은 바닷속 이야기가 펼쳐지는 듯 바탕색은 온통 검은색입니다. 아니면 제목에서 짐작

『이건 내 모자가 아니야』, 존 클라센 글·그림, 시공주니어

할 수 있듯이 작은 물고기가 나쁜 짓을 해서 검정 바탕색으로 나쁜 마음을 나타낸 것일까요? 표지의 제목은 "이건 내 모자가 아니야."라고 말하고, 표지 그림의 작은 물고기는 모자를 쓰고 있습니다. 그러므로 작은 물고기가 쓰고 있는 모자는 자기 것이 아니라는 사실을 알 수 있습니다. 글이 일인칭 시점으로 말하고 있기 때문입니다.

따라서 독자는 작은 물고기가 주인공이라고 짐작하는 동시에 모자의 주인이 누구인지 궁금해집니다. 아이들에게 "누구의 모자일까?", "어디에서 가져온 것일까?", "왜 자기 것도 아닌데 쓰고 있을까?" 등의 질문을 해 함께 내용을 예측해 보면 좋습니다.

아이들은 이 질문들의 대답과 동시에 자연스럽게 책장을 넘겨 내용을 확인하고 싶어 합니다. 이어서 나오는 면지는 우거진 물풀 숲입니다. "어! 이게 어디일까?", "웬 물풀 숲이지?", "이 물풀 숲에서 어떤 일이 벌어질까?" 등의 질문으로 면지 또한 아주 중요한 이야기 공간임을 인식하게 해 줍니다.

다시 말해서 면지는 책 표지와 내용에 해당하는 부분을 연결하는 기능적 부분으로, 그림책의 또 다른 이야기 연장 공간이 될 수 있습니다. 이뿐만 아니라 면지는 주제, 인물의 특성, 이야기의 배경이 되는 때와 장소, 시간의 흐름, 이야기의 시작과 결말 등의 내용을 담아 전체 이야기에 영향을 끼칩니다. 그림책 면지는 대부분 흰색이나 화려하지 않은 중성색을 사용합니다. 반면에 최근 많은 그림책 작가들은 면지에서부터 이야기를 시작하거나, 앞면지와 뒷면지를 다르게 구성함으로써 이야기를 더욱 풍성하게 만듭니다.

예를 들어 크리스틴 로시프테 작가의 그림책 『줄 서세요!』(책속물고기)를 살펴보면 앞표지와 뒤표지가 한 장의 그림으로 연결되어 있습니다. 보통은 앞표지와 뒤표지가 다른 장면이거나 한 장면이더라도 내용 중 일부를 표현한다든지, 전체적인 내용을 예측할 수 있는 그림으로 표현하는 형식을 띱니다. 하지만 이 그림책은 연결된 앞뒤 표지가 한 장면인 데다 뒤표지에서부터 이야기가 시작됩니다. 앞표지 그림 속 여자가 "줄 서세요!"라고 말합니다. 누구에게 말하는 것일까요? 이때 뒤표지까지 한 장면으로 볼 수 있도록 책을 활짝 펼치면 금방 이해할 수 있습니다. 뒤표지에는 허둥지둥 뛰어오고 있는 한 남자가 있습니다. 앞표지 여자의 말풍선은 뒤표지의 사람에게 하는 말이면서 제목도 되고 서사의 일부분도 되어 이야기의 시작을 알립니다.

독자가 그림책을 살핌과 동시에 이야기 세계로 들어가는 것이지요. 그리고 이야기는 앞면지로 이어지고, 뒷면지에서 이 이야기는 끝이 납니다. 표지와 면지를 보지 않고는 이야기의 시작도 끝도 없

『줄 서세요!』, 크리스틴 로시프테 글·그림, 책속물고기

는 것입니다. 이 그림책의 표지, 면지, 제목, 판형 등은 서사의 일부분으로써 이야기를 연장하는 역할을 합니다.

 이처럼 본문의 글과 그림 외의 주변 요소인 표지, 면지 등을 읽는다는 것은 내용을 더욱 쉽게 파악할 수 있고, 의미를 더욱 잘 전달받을 수 있는 하나의 읽기 방법입니다. 따라서 그림책 독자는 읽기 과정에서 표지를 보며 자신의 배경지식과 경험에 빗대어 내용을 예측해 보고, 면지는 이야기의 또 다른 공간임을 알아채서 읽어야 하며, 책의 디자인까지 전체적으로 세심히 살펴 읽어야 합니다.

4부

그림책, 골라 볼까요?

도서관에서 아이들에게 읽힐 그림책을 고르는 사람은 어른입니다. 서점에서 그림책을 사는 사람도 어른입니다. 다시 말해, 그림책을 선택하는 데 결정적인 역할을 하는 사람은 어른입니다. 따라서 누구보다도 어른이 좋은 그림책을 고를 수 있는 안목을 가져야 합니다. 좋은 그림책은 몇 가지 특징을 공통으로 가지고 있습니다.

일반적으로 그림책을 선정할 때 우선 아이의 나이, 발달 특성, 좋아하는 주제, 계절 등을 고려할 것입니다. 모든 책을 다 읽어 주면 좋겠지만, 현실은 모든 책을 다 읽을 수도 없고, 또 모든 그림책이 다 양질의 책은 아니니 그럴 필요도 없습니다. 1년에 수천 권이 넘는 그림책이 출판되어 쏟아져 나옵니다. 이 중에서 이왕이면 좋은 책, 우리 아이가 좋아할 만한 책, 흥미를 보이는 책, 재미있는 책을 골라 읽어 주면 좋겠지요.

요즘은 좋은 그림책을 소개하는 곳이 많습니다. 출판사, 도서관, 인터넷 그림책 소개 사이트, 그림책 연구 모임 등등 많은 곳에서 소개하는 그림책 선정 목록을 참고하거나 전문가의 의견을 참고하는 것도 좋습니다. 좋은 그림책 선정 목록을 보고 그중에서 골라 읽어 주는 것도 물론 좋지만, 가장 바람직한 것은 그림책을 고르는 성인이 좋은 그림책을 고를 수 있는 안목이 갖추는 것임을 잊지 마세요.

오랜 기간 세대를 걸쳐 사랑을 받는 그림책들은 글이 표현하는 이야기와 그림이 표현하는 이야기가 서로 어우러져 이야기가 이야기답게 느껴지게 합니다. 이런 책들은 이야기의 의미, 느낌, 아이러니, 서사적 리듬, 역동성 등이 긴장감 있게 독자들에게 전해집니다. 그

결과 독자들은 책에 몰입하고, 뒷이야기가 궁금해서 마지막 장까지 눈을 떼지 못하는 경험을 합니다.

뿐만 아니라 책장을 앞뒤로 오가며 읽기도 하고, 글을 한 줄 한 줄 읽어 나가면서 "역시!" 하고 감탄을 하기도 합니다. 독자에게 꾸준히 사랑받는 책은 반복해서 읽게 되고, 반복해서 책을 읽을 때마다 이전에 발견하지 못했던 인물의 매력이나 메시지를 새롭게 발견하게 됩니다. 그래서 독자의 마음을 지속해서 유인하지요.

세대를 불문하고 오랜 시간 동안 독자의 사랑을 받는 그림책들은 사랑받을 만한 이유가 있는 책입니다. 독자들에게 꾸준히 사랑받는 그림책들의 특성을 살펴보고, 사랑받는 책의 특징을 알아채는 안목을 갖춘다면 좋은 그림책을 고를 수 있습니다. 따라서 이제부터 좋은 그림책, 재미있는 그림책, 감동을 주는 그림책, 여운이 남는 그림책 등 아이들이 좋아하는 그림책의 특징을 살펴보도록 하겠습니다.

# 1장

## 누가 있을까?

이야기는 인물, 사건, 배경 등의 구성 요소들로 이루어집니다. 그중 이야기를 가장 이야기답게 만드는 것은 등장인물입니다. 등장인물이 있기에 독자는 울고 웃고, 감동하고, 위로를 받으며 이야기에 빠져들고 재미를 느낍니다.

그림책의 등장인물들은 작품 속의 인물 개개인이기도 하면서 그들이 나타내는 성격이기도 합니다. 대부분의 독자는 이야기를 읽을 때 먼저 등장인물에 집중합니다. 독자는 나와 비슷한 성격과 경험을 가진 등장인물에 동일시가 되어 그림책에 재미를 느낍니다. 또한 독자는 독특하거나 닮고 싶은 등장인물에 나와 다름에서 오는 재미를 느끼고, 내 마음을 대변해 주는 등장인물에 위로를 받고, 우스꽝스러운 등장인물에 웃음을 참지 못하고, 표정과 감정이 풍부한 등장인물에 마음을 빼앗기고, 내가 하지 못하는 초인적인 능력을 지닌 등장인물에 동경과 희망을 품고, 어딘지 모르게 어디서 본 듯한 등장인물에 친근함을 느끼기도 합니다. 등장인물이 여러 가지 이유로 독자의 마음을 사로잡는다면 그 그림책은 독자에게 좋은 그림책이 되기 마련입니다.

이야기는 인간의 삶을 기반으로 합니다. 바꾸어 말하면, 사람 사는 모습을 담아 놓은 것이 이야기입니다. 다양한 사람들의 사는 이야기는 그 사람의 성격을 드러내며 여러 가지 배경과 사건을 덧입혀 표현됩니다. 이야기는 다양한 성격을 가진 인물들이 어떻게 표현되느냐에 따라 독자의 마음을 사로잡거나, 아니면 그 반대가 됩니다.

이야기에서 성격을 지닌 등장인물을 한마디로 캐릭터character라고 합니다. 그림책은 글로 등장인물의 성격, 심리 상태를 묘사하고, 그림으로 생김새, 옷차림 등의 분위기를 묘사합니다. 즉, 그 어떤 매체보다 등장인물을 잘 표현할 수 있습니다. 이야기의 재미와 독자의 몰입 정도는 작가가 이러한 캐릭터를 어떻게 살리느냐가 관건이 되는 셈이지요. 작가에게는 가장 어렵고도 중요한 사안입니다. 캐릭터에 따라 그림책의 전체 분위기, 메시지, 감동이 달라지기 때문이죠.

아이들은 주인공의 생각, 행동, 기분 등에 관심을 가지고, 등장인물 간의 관계를 이해하려 노력하고, 그들의 행동에 대한 자기 생각을 표현합니다. 즉, 독자는 작가가 잘 표현해 낸 등장인물에 감정이입해 자신과 동일시하거나, 동경의 대상으로 삼거나, 내 마음을 울린 그 책에 빠져들게 됩니다.

아이들의 마음을 사로잡는 등장인물의 특징을 살펴보면, 평범하지만 아이의 눈높이에서 동일시가 가능한 인물, 친근하고 어디선가 본 듯하지만 엉뚱하고 우스꽝스러운 인물, 표정과 감정이 풍부한 인물, 동물이지만 인간 같은 행동으로 동물과 인간의 경계를 넘나드는 인물, 초인적인 힘을 가진 인물, 한 번쯤 꿈꿔 봄 직한 환상의 세계를 자유자재로 넘나드는 인물, 아이의 욕구를 대신 충족해 주고 대리 만족을 느끼게 해 주는 인물, 구체적이고 생생한 에피소드로 시종일관 아이의 마음을 사로잡는 인물 등입니다.

어른은 아이와 함께 그림책을 읽은 뒤, 주인공의 성격, 모습, 행동은 어떠한지, 주인공 외에 어떤 등장인물이 있는지, 이들의 성격은 어떠하며 이야기 흐름에 어떤 영향을 끼치는지, 주인공을 대신할 만한 사람이 떠오르는지, 아이 자신이 주인공이라면 어땠을지 등에 관해 이야기를 나눠 보면 좋습니다.

아이들이 좋아할 만한 매력적인 인물들이 등장하는 그림책 몇 권을 예시로 소개하겠습니다.

다음 예시 그림책 세 권은 등장인물의 성격, 취향, 생각 등에서 오는 친근함에 동일시가 가능하고, 어딘지 모르게 닮고 싶은 생각이 드는 인물이 등장하는 책들입니다.

첫 번째로 소개할 그림책은 모 윌렘스 작가가 쓰고 그린 『비둘기는 목욕이 필요해요!』(살림어린이)입니다. 주인공 비둘기는 목욕을 끔찍이도 싫어해서 목욕하지 않아도 되는 이유를 들며 목욕을 미룹니다. 목욕하기 싫어하는 우리 아이들과 어딘지 모르게 비슷하지요? 주인공 비둘기가 말하는 목욕하기 싫은 기상천외한 핑곗거리가 독자를 웃게 합니다. 어쩔 수 없이 목욕탕에 들어가게 된 주인공의 다음 행동은 우리 아이들과 더욱 닮아 있습니다.

두 번째 그림책은 윤지회 작가의 『뽕가맨』(보림)입니다. '뽕가맨'은 주인공이 갖고 싶어 하는 로봇 장난감입니다. 뽕가맨을 갖고 싶은 주인공은 세상 모든 것이 뽕가맨으로 보입니다. 주인공의 간절한 마음을 익살스럽게 표현했습니다. 드디어 엄마가 뽕가맨을 사 주자, 주인공은 세상을 얻은 듯 기쁩니다. 그렇지만 기쁨도 잠시, 친구들은 새로 나온 '왔다맨'이라는 로봇 장난감을 가지고 놉니다. 어쩌죠? 이제 주인공의 눈에 왔다맨만 보입니다. 실제로 TV나 영화 등에서 유행을 이끄는 장난감 캐릭터들이 존재하고, 아이들은 그것을 갖고 싶어 합니다. 이런 아이들의 마음을 너무나 잘 표현한 그림책입니다.

세 번째 그림책은 윌리엄 스타이그 작가의 『용감한 아이린』(비룡소)입니다. 주인공 아이린은 아픈 엄마의 심부름으로 공작 부인에게 드레스를 배달합니다. 하지만 주인공의 배달 과정은 녹록지 않습니다. 배달하는 중간에 눈보라가 점점 거세지고 날도 어두워집니다. 아이린은 엄마가 만드신 멋진 드레스를 공작 부인에게 꼭 갖다 드리

『비둘기는 목욕이 필요해요!』,
모 윌렘스 글·그림, 살림어린이
『뽕가맨』, 윤지회 글·그림, 보림

고 싶습니다. 이런 아이린의 마음과는 다르게 거센 바람에 드레스가 날아갑니다. 그러나 주인공은 포기하지 않고 용기를 냅니다. 용기 있는 주인공의 행동은 엄마를 향한 사랑을 드러내고, 당찬 성격을 드러냅니다. 어린 독자들은 이런 아이린의 용감한 행동을 보면서 은근히 부럽기도 하고, 닮고 싶기도 하고, 따라 하고 싶기도 합니다. 이렇게 자신과 어딘지 모르게 닮은 구석이 있는 등장인물이나 닮고 싶은 등장인물에 아이들은 빠져들게 됩니다.

아이들이 하는 행동에는 나름의 이유가 있습니다. 그 이유를 그림책의 주인공이 대신 말해 준다면 얼마나 좋을까요? 또한 아이들은 용감해지고 싶고, 책을 많이 읽어서 똑똑해지고 싶고, 좋아하는 물건을 가지고 싶고, 사랑도 많이 받고 싶어 합니다. 이런저런 아이들의 바람을 그림책의 주인공이 대리 만족할 수 있게 해 줍니다. 또한 하고 싶은 걸 할 수 있는 용기를 가지게 해 줍니다. 그림책 속에서 등장인물이 드러내는 기질, 성격은 대화와 행동을 통해 나타나고 이를 독자는 해석하고 동일시해서 무의식적으로 습득하고 따라 하게

『용감한 아이린』, 윌리엄 스타이그 글·그림, 비룡소

됩니다. 즉 아이들은 그림책 속 등장인물들이 보여 주는 사건을 자신의 문제로 공감하고, 사건이 해결되는 과정에서 안도하고 통쾌해하며 마치 제 일처럼 느낍니다. 이렇게 등장인물들과 함께 울고 웃는 동일시의 경험은 타인을 이해하는 능력을 키워 줍니다.

다음 예시 그림책 세 권은 동물이지만 사람 같은 생각과 행동으로 동물과 사람의 경계를 넘나드는 인물이 등장하는 책들입니다. 즉, 동물이지만 사람처럼 느껴지는 등장인물이지요. 아이들은 동물을 좋아합니다. 그래서 동물을 의인화해 이야기를 표현한 그림책이 많습니다.

첫 번째 책은 마르타 알테스 작가의 『안돼!』(북극곰)입니다. 주인공 강아지는 자신의 이름을 '안돼'로 알고 있습니다. 자신이 무슨 행동을 할 때마다 주인이 '안돼'라고 불러 주기 때문입니다. 강아지는 주인이 자기를 너무 사랑해서 이름을 자주 불러 준다고 생각합니다. 주인공 안돼는 주인에게 더 사랑받기 위해 산책을 할 때도 좀 더 빨리 가고, 자신의 몸으로 침대도 따뜻하게 데워 놓고, 빨랫줄에 걸린 빨래도 대신 걷고, 끼니도 쓰레기통을 뒤져 스스로 챙겨 먹습니다. 왜 주인이

『안돼!』, 마르타 알테스 글·그림, 북극곰

안돼라고 부르는지는 그림으로 표현되어 독자는 이미 알고 있습니다. 이 그림책은 주인공이 모르는 일을 독자가 알고 있다는 사실만으로도 재미를 줍니다. 참 엉뚱하고 우스꽝스럽고 재미있는 주인공입니다. 강아지이지만 주인공의 행동과 생각은 아이들과 같습니다.

두 번째 그림책은 앞에서 살펴본 나카가와 리에코 작가, 오무라 유리코 작가의 『구리와 구라의 빵 만들기』입니다. 단순하지만 깜찍한 캐릭터인 들쥐 두 마리가 등장하는 그림책입니다. 이 책을 읽고 나서 기억에 남는 키워드를 적어 보게 하면 아이들이 좋아할 만한 것들이 줄줄이 나옵니다. 주인공 구리와 구라가 세상에서 가장 좋아하는 일은 맛있는 요리 만들기와 먹기입니다. 어느 날 숲속에서 커다란 달걀을 발견합니다. 둘은 이 달걀로 커다란 카스텔라를 만들기로 합니다. 그런데 이 큰 달걀을 어떻게 집까지 가져가죠? 두 주인공은 이런저런 궁리 끝에 프라이팬을 가져오기로 합니다. 빵 만드는 데 필요한 다른 물건들도 함께 가져옵니다. 그런데 이 큰 달걀을 어떻게 깰까요? 우여곡절 끝에 구리와 구라는 무사히 빵을 만들어 숲

『구리와 구라의 빵 만들기』,
나카가와 리에코 글, 오무라 유리코 그림, 한림출판사

속 친구들과 나누어 먹습니다. 구리와 구라는 달걀 껍데기도 잘 활용합니다. 딱 아이들이 좋아하는 것으로요. 아이들도 들쥐 구리와 구라처럼 만들기도 좋아하고, 먹는 것도 좋아하고, 친구들도 좋아하고, 무엇보다 함께 나눠 먹으며 노는 것도 좋아합니다. 어딘지 모르게 들쥐가 친구처럼, 사람처럼 느껴집니다.

세 번째 그림책은 투페라 투페라 작가의 『판다 목욕탕』(노란우산)입니다. '판다 목욕탕'이라니 제목부터 호기심을 불러일으킵니다. 비밀이 잔뜩 있다는 듯 '쉿!'이라는 글자까지 쓰여 있습니다. 도대체 판다 목욕탕은 어떤 목욕탕일지 궁금합니다. 오늘은 판다 가족이 목욕탕에 가기로 합니다. 그런데 판다 가족이 가는 목욕탕이 어쩐지 낯설지 않습니다. 우리 동네 목욕탕 같습니다. 더 큰 재미는 판다의 옷 벗기입니다. 판다 몸의 검은색 무늬는 무늬가 아니라 옷이고, 판다의 눈 주위 검은색은 안경이랍니다. 작가의 이런 기발한 상상력이 독자를 그림책에 몰입하게 합니다. 목욕하는 모습, 목욕을 마치고 난 뒤의 모습, 목욕 후 엄마를 기다리는 모습, 집에 돌아가는 모습까-

『판다 목욕탕』, 투페라 투페라 글·그림, 노란우산

지 어딘지 모르게 우리 가족을 보는 듯합니다.

다음 예시 그림책 세 권은 주인공의 표정과 감정이 풍부하게 담겨 있거나 엉뚱한 매력을 지닌 인물이 등장하는 책입니다. 아이들은 등장인물이 겪고 있는 고민, 갈등, 문제 등을 정서적으로 공감하고 이해하려 합니다. 이때 등장인물이 슬프고, 화나고, 즐거운 감정을 풍부하게 표현하면 아이들은 등장인물이 느끼는 감정들을 더 잘 느끼고 이해할 수 있습니다. 여기에 엉뚱함을 지닌 등장인물이라면 유머까지 선사해 줍니다.

첫 번째 예시 그림책은 몰리 뱅 작가가 쓰고 그린 『소피가 화나면, 정말정말 화나면』(책읽는곰)입니다. 소피는 자신의 고릴라 인형을 빼앗아 간 언니 때문에 화가 나고, 언니 편을 드는 엄마 때문에 화가 나고, 고릴라 인형을 빼앗으려다가 트럭 장난감에 걸려 넘어져 더 화가 납니다. 이처럼 화가 나 본 적이 없습니다. 소피의 몸이 불 화산처럼 달아오릅니다. 머리칼은 쭈뼛 솟고, 발을 구르며 빨간 화염을 쏟아 내듯이 소리를 지릅니다. 화가 난 소피는 문을 쾅 닫고 나와

『소피가 화나면, 정말정말 화나면』, 몰리 뱅 글·그림, 책읽는곰

달리고 달립니다. 그러는 사이 차츰 화가 누그러지고 평온을 되찾습니다. 소피는 산들바람과 파도와 바다, 세상으로부터 위로를 받습니다. 이 책은 주인공 소피가 자신의 감정을 어떻게 드러내고 어떻게 다스리는지 잘 표현하고 있습니다. 아이들은 소피의 마음을 정서적으로 공감하고 이해합니다. 주인공과 같이 화가 나 본 경험이 있는 아이들은 소피가 아니라 자신이 화를 내고 안정을 되찾은 것처럼 느끼기도 합니다. 독자는 그림책의 주인공을 통해 자신의 감정까지 공유하고 배출합니다.

두 번째 그림책은 강무홍 작가가 쓰고 조원희 작가가 그린 『까불지 마!』(논장)입니다. 주인공은 겁도 많고 무서움도 많은 아이입니다. 오늘도 주인공은 친구 현이한테 놀림을 당하고, 동네 고양이, 강아지가 무서워 동물들을 피해 어렵게 집에 도착합니다. 이런 주인공을 보며 속상한 엄마는 그럴 땐 눈을 크게 뜨고 "까불지 마!"라고 소리치라고 일러 줍니다. 주인공에게 '까불지 마!'라는 마법 주문이 생겼습니다. 이 주문이 통할까요? 강아지에게 먼저 써 봅니다. "까불지

『까불지 마!』, 강무홍 글, 조원희 그림, 논장

마!"라고 크게 외치자 강아지가 슬금슬금 피합니다. 주문이 통했습니다. 고양이에게도 써 보고, 친구들에게도 써 봅니다. 다 통합니다. 주인공은 개선장군이 된 것처럼 어깨를 한껏 올리고 집으로 돌아옵니다. 그런데 손을 씻으라는 엄마에게도 주문을 외칩니다. 주인공은 어떻게 되었을까요? 고양이도 무섭고 강아지도 무섭고, 그런 마음 약한 주인공 때문에 속상해하는 주인공의 엄마는 우리 엄마 같습니다. 어딘지 모르게 닮은 주인공은 이야기 속 등장인물이 아니라 현실의 우리같이 느껴집니다.

세 번째 그림책은 요시타케 신스케 작가의 『벗지 말걸 그랬어』(스콜라)입니다. 이 책은 목욕하려고 옷을 벗다가 목에 걸린 주인공의 이야기입니다. 주인공은 목에 옷이 걸렸을 뿐 남들과 다를 게 없다고 생각하며 이대로 사는 것도 나쁘지 않다고 스스로 위로합니다. 그런데 목이 마를 땐 어떡하지요? 주인공 같은 친구가 또 있을까요? 있다면 한눈에 알아보겠지요? 고양이가 배를 간지럽히면 어쩌죠? 그리고 무엇보다 배가 좀 시립니다. 주인공의 행동이 우스꽝스럽지

『벗지 말걸 그랬어』, 요시타케 신스케 글·그림, 스콜라

만, 공감이 가는 이유는 이런 일을 한 번쯤 경험했기 때문입니다. 엉뚱하고 우스꽝스러운 주인공에게 아이들은 재미를 느낍니다. 어느 집이나 어른이 아이 윗옷을 벗기려다가 얼굴에 옷이 걸려 눈썹이 올라가고 눈이 올라가며 아이가 "아야야야!" 소리 질렀던 경험이 있기에 어른도 아이도 웃음 짓게 하는 책입니다.

다음 예시 그림책 세 권은 환상과 현실을 자유자재로 넘나드는 인물들이 등장합니다. 현실에서는 일어나지 않는 일이지만 어린 독자들은 책을 통해 자신도 주인공과 함께 환상과 현실을 넘나드는 경험을 공유합니다. 현실과 환상을 넘나드는 그림책 속 주인공들은 현실 세계에서 소외, 결핍, 갈등, 불안 등을 겪는 경향이 있습니다. 어린 독자들도 나름의 고민이나 결핍 등의 문제를 안고 있겠지요. 이때 환상과 현실을 넘나드는 멋진 주인공을 통해 아이들은 자신의 부정적인 감정을 해소할 수 있습니다. 또한 현실 인식을 극대화하고, 문학적 상상력을 키웁니다. 이는 아이들에게 환상 그림책을 읽어 주어야 하는 이유이기도 합니다. 주인공들의 멋진 환상 세계 경험은 아이들

『알사탕』, 백희나 글·그림, 책읽는곰

에게 실현 가능하지는 않지만 상상만으로도 기분 좋은 경험입니다.

첫 번째 그림책은 백희나 작가의 『알사탕』입니다. 주인공 동동이는 혼자 놉니다. 혼자 노는 것도 괜찮다고 스스로 위로합니다. 문방구에서 알사탕을 삽니다. 알사탕 하나를 입에 넣자 어디선가 이상한 소리가 들립니다. 소파가 말을 합니다. 사탕이 녹자 소파의 소리도 들리지 않습니다. 다른 사탕을 하나 입에 넣습니다. 이번엔 강아지 소리가 들립니다. 덕분에 강아지와는 오해를 풉니다. 주인공은 까끌까끌한 사탕을 통해 아빠의 마음의 소리를 듣고, 분홍 사탕을 통해 돌아가신 할머니의 소리를 듣고, 나뭇잎색 사탕으로 낙엽의 인사 소리를 듣습니다. 그런데 마지막 사탕은 아무 소리도 나지 않습니다. 그래서 주인공이 먼저 친구들에게 말을 건넵니다. 동동이는 이제 혼자 놀지 않습니다. 주인공의 결핍이 해소되었습니다. 현실과 환상의 경계가 흐려서 어느 부분이 현실인지, 어느 부분부터 환상인지 뚜렷하게 알 수 없습니다. 자연스럽게 경계가 파괴되어 현실 같은 환상 세계가 펼쳐집니다. 독자들도 자연스럽게 주인공과 같은 경험을 하게 됩니다. 그리고 평상시 한 번쯤은 상상해 봤을 법한 강아지와 이야기 나누기, 돌아가신 분과 이야기 나누기, 부모님의 속마음 알기 등을 주인공을 통해 경험합니다. 상상은 또 다른 상상을 만들어 냅니다. 어른은 그림책을 통해 아이들이 많은 상상을 할 수 있도록 도와주어야 합니다.

두 번째 그림책은 모리스 샌닥 작가가 쓰고 그린 『괴물들이 사는 나라』(시공주니어)입니다. 주인공 맥스는 늑대 옷을 입고 포크를 휘두

르며 강아지를 뒤쫓습니다. 이 일로 엄마에게 혼이 나고 저녁밥도 못 먹고 방에 갇힙니다. 그런데 갑자기 방이 숲이 되고 바다가 되고 세상천지로 바뀌며 맥스를 괴물들이 사는 나라로 데려갑니다. 괴물들이 사는 나라에 도착한 맥스는 괴물들의 대장이 되어 그들과 맘껏 신나게 놀고, 호령하고, 야단도 치고, 괴물 소동을 벌이며 괴물 중의 괴물이 됩니다. 하지만 맥스는 자기를 사랑해 주는 사람이 있는 곳으로 가고 싶어집니다. 맥스는 괴물들이 사는 나라를 떠나 엄마가 있고 엄마의 따뜻한 저녁밥이 있는 자신의 방으로 돌아옵니다. 맥스는 현실에서 부족한 놀이 욕구를 괴물들이 사는 나라에서 해소하고 옵니다. 특히 자신의 감정을 모두 풀고 현실에 적응할 준비가 되어 돌아옵니다. 아이들도 맥스처럼 괴물들이 사는 나라에 가 보고 싶겠지요? 맥스와 함께 떠날 수 있도록 해 주세요.

   세 번째 그림책은 존 버닝햄 작가의 『셜리야, 물가에 가지 마!』(비룡소)입니다. 셜리는 부모님과 바닷가로 소풍을 갑니다. 그런데 부모님과 셜리는 걸을 때도 바닷가에서도 별다른 이야기를 하지 않습니

『괴물들이 사는 나라』,
모리스 샌닥 글·그림, 시공주니어

『셜리야, 물가에 가지 마!』,
존 버닝햄 글·그림, 비룡소

다. 아빠는 신문을 읽고 엄마는 뜨개질을 하며 이따금 셜리에게 이 것저것 주의를 주기만 하지요. 주인공 셜리는 혼자 심심했는지 자신만의 환상 세계로 모험을 떠납니다. 주인공 셜리는 강아지와 함께 멋지게 해적을 물리치고 보물까지 발견합니다. 짜릿하고 멋진 모험입니다. 집으로 돌아가자는 주인공의 뒷모습이 신이 난 듯합니다. 주인공을 보고 있는 아이들도 신이 납니다. 현실에서 이루어질 수 없는 경험을 환상 세계로의 여행을 통해 경험했기 때문입니다. 작가는 장면을 분할해 한쪽 면은 엄마의 현실 세계를, 다른 한쪽 면은 셜리의 환상 세계를 자연스럽게 펼쳐 놓았습니다. 그래서 독자들이 자연스럽게 셜리에게 동화되어 현실 세계와 환상 세계를 의심하지 않고 몰입할 수 있습니다.

아이들은 그림책을 통해 나와 다른 사람의 삶을 간접경험합니다. 나와 다른 시간, 나와 다른 공간, 또는 나와 다른 장소, 나와 다른 세상을 그림책을 통해 간접경험하는 것이지요. 나아가 아이들은 그림책 속 등장인물의 경험을 자신의 경험인 양 동일시하고, 내적 갈등을 정화하며, 긍정적 자아를 형성하고, 타인을 이해하게 됩니다.

그림책은 아이들에게 등장인물이 겪는 갈등이라는 감정을 이해하는 데 중요한 도구가 되며, 또래와의 관계를 형성하는 데 있어 실마리를 제공하고, 상상의 원동력이 됩니다. 등장인물은 독자에게 가장 많은 관심과 호기심을 유발하는 요인입니다. 따라서 아이들의 마음을 이끄는 등장인물의 존재 여부를 확인하고 그림책을 고르면 우리 아이가 좋아하는 그림책에 한 걸음 더 다가갈 수 있습니다.

## 2장

## 어디에서 일어났을까?

    그림책은 작가가 인간의 삶을 글과 그림으로 재현한 예술 작품입니다. 삶의 주체는 살아 있는 인물이죠. 이 인물이 자신의 가치관을 나타내고 행위를 함으로써 사건을 발생시킵니다. 따라서 사건은 아무 의미 없이 일어나지 않습니다. 작가가 독자에게 전달하고 싶은 이야기를 더욱 이야기답게 전달하기 위해 발생합니다. 그리고 사건들은 허공에서 발생하는 게 아니라 배경이라는 시·공간에서 이루어지죠. 그림책의 배경은 인물이 펼쳐 내는 행위의 전체적 흔적으로, 인물의 삶이 생성되고 변모하는 공간입니다. 마리아 니콜라예바는 "작가는 배경을 통해 인물의 성격을 드러내거나 강력하게 전달하고, 독자는 그 배경을 통해 주인공이 어떠한 인물일지 추측하는 데 중요한 단서를 얻는다."라고 했습니다. 따라서 배경은 인물 행위의 근거와 기준이 되고 사건의 개연성을 뒷받침하는 중요한 요소가 됩니다.

그림책에는 현실 세계, 환상 세계, 현실과 환상이 혼합되어 경계를 넘나드는 허구의 세계가 재현되어 있습니다. 그중에서도 환상 그림책의 배경은 그 자체가 환상성을 함유하고 있기에 배경이 갖는 영향력이 크다고 할 수 있지요. 환상 그림책의 주인공은 현실에 편입되어 살아가면서도 환상 세계로 자신의 삶을 확장해 현실 세계에서 경험할 수 없는 세계를 그림책을 통해 경험합니다. 주인공이 두 세계와 끊임없이 상호작용을 하며 성장하는 모습을 보면서 아이는 세상을 바라보는 다양한 관점을 얻게 되지요. 아이는 이런 경험을 통해 자신이 어디에서 누구와 함께 살아가는지 인식하며 자신과 타인과 세상을 심층적으로 이해할 수 있습니다.

인물이 생각하고, 느끼고, 행동하는 시·공간은 작가가 창작한 배경입니다. 그림책 작가는 배경에서 여러 가지 사건들을 제시하는데 대부분 그림을 통해서죠. 따라서 독자는 인물이 사는 집과 가족 등 주변의 모습을 그림을 보며 쉽게 확인할 수 있습니다. 친숙한 곳에서 낯선 사건이 벌어질 때 아이들은 그 사건에 주목하기 시작합니다. 친숙한 배경은 아이들이 이야기에 몰입하는 것을 돕고 낯선 사건은 아이의 호기심을 발동시키기 때문이죠. 그래서인지 그림책의 인물이 환상 세계로 들어가는 곳이 집 안인 경우가 많습니다. 집 안의 어떤 곳이 그림책의 배경이 되었을까요? 먼저 방입니다. 그림책 주인공의 다수는 방 안에서 환상 세계로 들어갑니다.

앞에서 살펴본 모리스 샌닥 작가의 『괴물들이 사는 나라』에서 주인공 맥스는 엄마에게 혼나고 방에 갇히지만 풀이 죽어서 울고 있는

게 아니라 놀고 싶은 욕구를 숨기지 않고 자기 방을 괴물들이 사는 나라로 만들고 그곳에서 대장이 되어 괴물들에게 호통을 치며 마음껏 놉니다.

박현주 작가의 『비밀이야』(이야기꽃)는 이야기의 시작과 끝이 모두 방에서 일어납니다. 그러나 맥스처럼 혼자만의 모험이 아닙니다. 비 오는 날, 집에는 남매만 있습니다. 누나는 게임을 하고 동생은 텔레비전을 시청하고 있지요. 혼자서 텔레비전을 보는 게 지루했던 동생이 누나에게 말을 건넵니다. 동생의 마음을 읽은 누나는 게임을 그만두고 동생과 함께 상상 세계로 여행을 떠납니다. 방 안은 남매가 신나게 모험하는 공간이자 남매만의 비밀 공간입니다. 엄마는 이 아이들처럼 집에서 하마와 코끼리를 키우는 걸 상상할 수 없을 테니까요.

두 번째는 욕실입니다. 최덕규 작가의 『헤엄치는 집』(국민서관)의 주인공 여름이는 심심합니다. 그런데 부모님은 집안일이 바빠서 놀아 주지 못하죠. 그러자 여름이는 욕조에 물을 받아 물놀이를 시작

『비밀이야』, 박현주 글·그림, 이야기꽃
『헤엄치는 집』, 최덕규 글·그림, 국민서관

『어떤 목욕탕이 좋아?』,
스즈키 노리타케 글·그림, 노란우산

『공룡 목욕탕』,
피터 시스 글·그림, 시공주니어

『목욕은 즐거워』,
교코 마스오카 글, 하야시 아키코 그림,
한림출판사

합니다. 어떤 일이 벌어질까요? 바쁘다고 여름이와 놀아 주지 않던 엄마와 아빠가 문어에게 호되게 당하는 장면은 아이에게 통쾌한 웃음을 선사합니다.

스즈키 노리타케 작가의 『어떤 목욕탕이 좋아?』(노란우산)는 면지에서부터 작가의 목욕탕 사랑이 심상치 않음이 느껴지는 책입니다. 매일 하는 목욕이 지루하지 않고 행복한 건 왜일까요? 수많은 목욕탕 중 아이가 뽑은 대망의 1위는 어떤 목욕탕일까요? 작가가 그려 내는 특별한 목욕탕들을 감상하는 것만으로도 너무나 재미있는 책입니다.

피터 시스 작가의 『공룡 목욕탕』(시공주니어), 교코 마스오카 작가가 글을 쓰고 하야시 아키코 작가가 그림을 그린 『목욕은 즐거워』(한림출판사), 존 버닝햄 작가의 『셜리야, 목욕은 이제 그만!』(비룡소)은 욕실을 배경으로 하는 그림책으로, 목욕을 하며 환상 세계로 들어가는 이야기입니다.

니시무라 토시오 작가가 쓰고 그린 그림책 『쓱쓱 싹싹 목욕탕』(한림출판사)의 표지를 살펴보니 장소는 숲속이고, 시간은 하늘에 떠 있는 보름달로 보아 밤으로 추정됩니다. 물에서 수증기가 올라오니 단순한 연못이 아니라 온천이겠죠. 그리고 세수하는 사자가 보입니다. 표지만 보면 사자의 개인 목욕탕 같죠? 실은 숲속 동물들이 다 함께 사용하는 공용 목욕탕입니다. 환상적인 인물과 배경이 등장하지는 않지만 서로 등을 밀어 주며 행복해하는 사자, 코끼리, 악어, 토끼 등 숲속 동물들을 통해 독자의 기분도 덩달아 상쾌해지는 그림책입니다.

백희나 작가의 『장수탕 선녀님』(책읽는곰)과 최민지 작가의 『문어 목욕탕』(노란상상)은 공중목욕탕이 이야기의 배경입니다. 낯익은 배경에 등장하는 인물은 현실 세계에는 존재하지 않는 인물이지요. 아이는 그림책을 읽으며 주인공처럼 선녀, 문어와 친구가 되는 경험을 합니다. 앞서 살펴본 『판다 목욕탕』 역시 공중목욕탕이 배경으로, 목욕탕에서 드러나는 판다의 비밀이 무엇인지 궁금증을 불러일으킵니다.

이제 집 밖으로 나가 봅니다. 하늘에 구름이 보이죠? 같은 배경이라도 주제는 달

『설리야, 목욕은 이제 그만!』,
존 버닝햄 글·그림, 비룡소

『쓱쓱 싹싹 목욕탕』,
니시무라 토시오 글·그림, 한림출판사

『장수탕 선녀님』,
백희나 글·그림, 책읽는곰

『문어 목욕탕』,
최민지 글·그림, 노란상상

라집니다. 예를 들어, 데이비드 위즈너 작가의 『구름공항』(시공주니어)은 '구름은 어디서 만들어질까?'라는 궁금증에서 출발한 그림책입니다. 매일 보는 구름이지만 매 순간 그 형태는 변합니다. 그런 구름을 보며 '구름을 만들어 내는 곳이 있을까?', '그런 곳이 있다면 그곳에 놀러 가서 구름을 디자인해 볼 수 있을까?', '내가 디자인한 구름이 하늘에 떠 있다면 기분이 어떨까?', '그 구름을 보는 사람들은 어떤 생각을 할까?' 등의 호기심에서 구름이 이착륙하는 '구름공항'이라는 환상적 배경이 탄생했습니다.

반면 존 버닝햄 작가의 『구름 나라』(비룡소)는 구름 위 세상에 대한 궁금증에서 모티브를 얻은 이야기입니다. '구름에는 누가 살까?', '구름을 타고 날면 기분이 어떨까?', '친구들과 구름에서 무엇을 하고 놀면 재미있을까?' 이처럼 같은 구름 소재라도 인물의 경험이 낳는 의미는 다릅니다.

구름 위에는 무엇이 있을까요? 밤마다 우리를 비추는 달이 있습니다. 그래서 달이 소재와 배경인 그림책도 많습니다. 백희나 작가

『구름공항』,
데이비드 위즈너 글·그림, 시공주니어
『구름 나라』, 존 버닝햄 글·그림, 비룡소

의 『달 샤베트』(책읽는곰)는 우리가 살고 있는 현실 세계를 이야기 배경으로 합니다. 과거도 미래도 아닙니다. 이국적이지도 환상적이지도 않지요. 그냥 우리가 사는 세계를 그대로 재현했을 뿐입니다. 그래서 낯설지 않습니다. 그런데 이런 배경에서 벌어지는 사건은 완전히 낯설기만 합니다. 달이 녹는다니! 녹은 달물로 샤베트를 만들다니! 집에 옥토끼가 찾아오다니! 이런 환상적인 사건은 아이의 시선을 잡아 끌며 이야기에 몰입하게 합니다.

존 헤어 작가의 『달 체험학습 가는 날』(행복한그림책)은 글 없는 그림책입니다. 그림책 속 아이들은 체험 학습을 버스가 아닌 우주선을 타고 갑니다. 아이들이 가는 곳은 놀이동산이 아니라 달이니까요. 달에 도착한 주인공 소년은 달에서 지구를 바라봅니다. 그리고 다양한 색깔의 크레용을 사용해 스케치북에 달에서 바라본 아름다운 지구의 모습을 그리다가 그만 잠이 들어 돌아가는 우주선을 타지 못합니다. 그때 달에 사는 외계인들이 나타나 소년의 친구가 되어 주죠. 돌아오는 우주선에서 소년이 쥐고 있는 회색 크레용이 그토록 따뜻

『달 샤베트』,
백희나 글·그림, 책읽는곰
『달 체험학습 가는 날』,
존 헤어 그림, 행복한그림책

하게 느껴지는 건 왜일까요?

  톰 버틀러 보던은 『내 인생의 탐나는 심리학 50』(흐름출판)에서 아이들은 성인과 다른 심리학 체계를 세우는 존재라고 말합니다. 어른처럼 사물에 대한 정의를 정확히 내리지 않고 마음의 이론을 통해 일상을 바라본다는 것이지요. 성인과 같은 합리적·관념적·인과적 사고는 대부분 정신 발달의 마지막 단계인 11~12세에 출발한다고 합니다. 이런 발달적 경향을 인지하면 아이들이 시·공간을 초월한 배경과 초자연적인 사건에 낯설어하기보다는 흥미를 느끼고 너무나 쉽게 믿고 몰입하는 게 당연하게 느껴집니다. 환상 세계는 아이에게 현실에서는 도저히 만날 수 없는 동경의 세계입니다. 그래서 아이들은 현실 세계에서의 결핍을 환상 세계에서 채우며 성장합니다. 현실 세계의 아이는 놀이에 대한 욕구, 부모의 부재, 또래와의 갈등을 겪을 뿐만 아니라 규칙과 규범 속에서도 약자입니다. 그러나 환상 세계의 주인공은 이런 제한에서 자유로운 존재입니다. 그림책을 통해 환상 세계와 환상적인 인물을 만나니 아이들은 그림책에 흠뻑 빠질 수밖에 없습니다. "그림책이 이토록 재미있다니!" 재미는 그림책 읽기를 즐기게 하는 가장 큰 동기를 부여합니다.

## 3장

## 어떻게 표현했을까?

그림책의 이야기를 이야기답게 표현하기 위해서는 글과 그림을 적절하게 구성해야 합니다. 글과 그림의 적절한 구성은 무엇일까요? 글과 그림으로 이야기의 시작과 중간, 결말을 구성한다는 뜻입니다. 즉 완결된 이야기로 만든다는 것이지요.

예를 들어 강아지가 구덩이에 빠졌습니다. 그런데 강아지가 구덩이에 빠지는 일만 가지고는 이야기가 될 수 없습니다. 이야기 중간에 구덩이에 빠진 강아지를 어떻게 구하는지에 대한 전개 과정이 있고, 이야기의 결말이 있어야 비로소 이야기가 완성됩니다. 하이타니 겐지로 작가가 쓰고 초 신타 작가가 그린 『로쿠베, 조금만 기다려』(양철북)는 개가 구덩이에 빠지고 구덩이에 빠진 개를 어떻게 구해 내는지 글과 그림으로 잘 구성해 놓은 그림책입니다. 이야기는 구덩이에 빠진 개를 표현한 그림으로 시작합니다. 검은 바탕에 구덩이가 있고 개 짖는 소리를 타이포그래피로 표현한 그림으로 개가 구덩이에 빠졌다는 것을 알려 주죠. 그리고 땅속 구덩이와 땅 위를 표현한 공간적 배경에 아이들이 몰려들어 아주 걱정스러운 눈빛으로 구덩이 안을 들여다보고 있습니다. 독자는 글과 그림으로 구덩이에 빠진 개가 로쿠베라는 것을 알게 됩니다. 이후 이야기는 아이들이 로쿠베를 구하려고 애를 쓰는 장면과 구덩이 속의 로쿠베의 심정을 자세하게 표현하는 것으로 전개됩니다. 아이들이 어른에게 도움을 요청하기도 하고 로쿠베를 안심시키려고 노래를 불러 주거나 비눗방울을 불어 주기도 합니다. 이를 통해 아이들이 로쿠베를 진심으로 걱정하고 있다는 생각이 들게 합니다. 이야기 결말에 아이들은 로쿠베를 구하기 위해 로쿠베의 친구를 태운 바구니를 구덩이 안으로 내려 보냅니다. 그리고 구덩이 안에서 로쿠베와 로쿠베의 친구를 태운 바구니를 끌어 올립니다. 드디어 구덩이 안에서 로쿠베를 구한 것이지요. 아이들과 로쿠베, 로쿠베의 친구까지 모두 웃으며 이야기는 끝이 납니다. 그림책을 읽은 아이와 부모는 모두 로쿠베를 구한 만족감을 얻게 되지요.

「로쿠베, 조금만 기다려」, 하이타니 겐지로 글, 초 신타 그림, 양철북

이렇게 글과 그림의 적절한 구성은 그림책 속의 인물과 책을 읽는 독자까지 모두에게 만족감을 줍니다. 이야기를 읽은 뒤의 만족감은 문제가 해결되었을 때, 궁금증이 해결되었을 때, 반전을 일으킬 때, 긴장감이 해결되었을 때, 변화가 생겼을 때 얻게 됩니다.

문제가 해결되는 이야기 구성은 『로쿠베, 조금만 기다려』처럼 구덩이에서 빠진 로쿠베를 구해 등장인물의 문제를 해결해 주는 것을 말합니다. 또는 라스칼 작가가 쓰고 루이 조스 작가가 그린 『오리건의 여행』(미래아이)처럼 목적을 완성하는 것입니다. 『오리건의 여행』은 서커스단에서 일하는 광대 듀크가 우리에 갇혀 있는 곰 오리건을 숲속으로 데려다주는 목적을 완성하는 이야기 구성으로 이루어져 있습니다. 글과 그림으로 듀크와 오리건이 숲속으로 가는 과정을 보여 주는데 듀크와 오리건이 함께 서커스단을 빠져나가는 장면, 함께 버스를 타는 장면, 모텔에서 하룻밤을 지내는 장면, 지나가는 트럭을 함께 타는 장면, 그리고 반 고흐가 그린 그림 같은 들판을 지나가는 장면 등 듀크와 오리건이 숲을 찾아 가는 여정을 글과 그림으로

『오리건의 여행』, 라스칼 글, 루이 조스 그림, 미래아이

보여 줍니다. 그림책을 읽는 부모와 아이는 듀크와 오리건이 목적을 이루는 것과 동시에 저마다 자신의 열망을 충족하기에 이릅니다.

궁금증을 해결하는 이야기 구성은 이야기를 시작할 때 독자에게 궁금증을 불러일으키는 상황을 제시합니다. 그리고 이야기를 전개해 나가면서 궁금증을 증폭하고 이야기 결말에서 궁금증을 해결해 줍니다. 예를 들어 이자벨 미뇨스 마르틴스 작가가 글을 쓰고 야라 코누 작가가 그림을 그린 『씨앗 100개가 어디로 갔을까』(토토북)는 소나무 씨앗이 어디로 갔는지 궁금증을 해결해 주는 그림책입니다. 이야기의 시작 부분에 소나무 한 그루가 있습니다. 뒤이어 노란 배경에 갈색 열매가 큰 그림으로 왼쪽 면을 꽉 채우고 있고, 오른쪽 면으로 씨앗이 떨어지고 있습니다. '어디로 떨어지는 걸까?' 궁금합니다. 나무의 바람은 씨앗들이 모두 땅에 떨어져 또 다른 싹이 나오는 것인데 씨앗이 바람에 날아갑니다. '씨앗은 정말 어디로 갔을까?' 궁금증을 불러일으킵니다. 이야기 전개는 씨앗들이 바람에 날아가서 도로 한복판에, 강물에, 바위에 떨어지고, 새들의 먹이가 되는 과정

『씨앗 100개가 어디로 갔을까』, 이자벨 미뇨스 마르틴스 글, 야라 코누 그림, 토토북

을 글과 그림으로 보여 줍니다. 그리고 한 그루만 살아남아 싹을 틔우게 되는데 그마저도 토끼가 먹어 버립니다. 이쯤 되니 나무의 바람이 끝내 이루어지지 않는 것인지 독자는 궁금해집니다. 이야기의 결말에 마법처럼 숲속에 새로운 나무 열 그루가 쑥쑥 자라나는 그림이 있습니다. 나무의 바람이 이루어졌습니다. 책을 읽는 독자들은 씨앗이 어디로 갔는지에 대한 궁금증이 해결되었습니다.

　반전을 일으키는 구성은 이야기의 결말에 독자가 예측하지 못한 상황이 일어납니다. 예를 들어 팻 허친즈 작가의 『자꾸자꾸 초인종이 울리네』(보물창고, 2006)의 이야기 구성은 이야기 시작 부분에 엄마가 맛있는 과자를 만듭니다. 샘과 빅토리아는 둘이 나누어 먹으면 되겠다며 즐거워합니다. 그때 초인종이 울리고…… 옆집 사는 친구들이 들어옵니다. 과자를 친구들과도 나누어 먹어야 합니다. 그때 초인종이 또 울리고 친구들이 또 들어옵니다. 이제 둘보다 많은 여러 명이 나누어 먹어야 합니다. 또다시 초인종이 울리고 또 친구들이 들어오고 그때마다 샘과 빅토리아의 몫은 점점 작아집니다. 친구

『자꾸자꾸 초인종이 울리네』, 팻 허친즈 글·그림, 보물창고

들은 많아지고 샘과 빅토리아의 얼굴 표정은 점점 안 좋아지죠. 이제 친구들이 그만 왔으면 좋겠다고 생각하는데 또 초인종이 울립니다. 친구 한 명은 문을 열기 전에 과자를 먹자고 합니다. 그런데 마지막에 반전이 일어납니다. 할머니가 커다란 쟁반 가득 과자를 만들어 오신 거예요. 이러한 반전에 그림책을 읽는 아이와 부모는 얼마나 신이 날까요? 마지막 반전은 책의 등장인물들은 물론이고 책을 읽는 아이와 부모 모두를 즐겁게 해 줍니다.

긴장감을 해결하는 구성은 이야기의 전개 과정에서 긴장감을 만들어 나갑니다. 예를 들어 에른스트 얀들 작가가 쓰고 노르만 융에 작가가 그린 『다음엔 너야』(비룡소)는 깜깜한 방에 나무 의자가 있고 동물들이 앉아 있는 모습으로 이야기를 시작합니다. 무슨 일이 일어날 것 같은 긴장감이 도는 장면입니다. 그림으로 봐서는 동물들이 모두 기분 좋은 얼굴은 아닙니다. 왜 그럴까요? 이야기 전개는 다음 장의 글로 이어집니다. 왼쪽 면에는 문과 나무 의자에 앉아 있는 동물들이 보이고, 오른쪽 면에는 "문이 열리고 하나가 나왔어."라는 글

『다음엔 너야』,
에른스트 얀들 글, 노르만 융에 그림, 비룡소

이 쓰여 있습니다. 다음 장면에서 문이 열리고 무당벌레 하나가 나옵니다. 그리고 하나가 들어가지요. 동물들의 얼굴은 계속 무표정입니다. 그림책을 읽는 독자들은 점점 더 긴장감을 느낍니다. 한 번씩 열리는 문으로 하나가 들어가고 나오고를 반복합니다. 동물들은 점점 줄어들고 마지막으로 피노키오만 남습니다. 그리고 글은 "다음은 너야."라고 이야기합니다. 피노키오는 눈물을 뚝 떨어뜨립니다. 책을 읽는 독자들의 긴장감도 피노키오와 같이 극에 달합니다. 이제 피노키오가 들어갑니다. 그리고 드디어 문 안의 진실이 보입니다. 문 안쪽에 있는 의사 선생님을 보고 책을 읽는 아이와 부모는 동물들이 장난감이고, 깜깜한 방은 고장 난 장난감을 고치는 곳이었다는 사실을 알게 됩니다. 이것으로 비로소 긴장감이 해소되지요.

변화가 생기는 이야기 구성은 이야기 전개 과정에서 인물들에게 외적·내적 변화가 일어나는 것을 말합니다. 예를 들어 에릭 칼 작가의 『아주아주 배고픈 애벌레』(시공주니어)는 애벌레가 나비가 되는 이야기입니다. 달 밝은 밤 나뭇잎 위에 있는 알을 보여 주며 이야기

『아주아주 배고픈 애벌레』,
에릭 칼 그림·글, 시공주니어
『뛰어라 메뚜기』,
다시마 세이조 글·그림, 보림

시작됩니다. 다음 날 깨어난 애벌레는 배가 고픕니다. 배고픈 애벌레는 날마다 먹습니다. 어떻게 되었을까요? 더 이상 배가 고프지 않은 애벌레는 크고 뚱뚱한 애벌레가 되었습니다. 그러고는 딱딱한 고치 상태로 머물러 있습니다. 이제 어떻게 되었을까요? 맞아요. 이야기의 결말에서 애벌레는 크고 아름다운 나비가 되었습니다. 애벌레에게 외적 변화가 일어난 것입니다. 작은 알에서 애벌레가 되고, 애벌레에서 크고 아름다운 나비가 되는 이야기는 책을 읽는 아이와 부모 모두에게 만족감을 줍니다.

또 다시마 세이조 작가의 『뛰어라 메뚜기』(보림)는 천적이 무서워 숨어 지내던 작은 메뚜기가 내적 변화를 통해 천적에게 잡아먹히지 않고 당당하게 살아남는 법을 깨닫고 멋지게 자신의 삶을 살아가는 이야기입니다. 이야기는 풀 한 포기와 풀 속에 숨어 있는 메뚜기의 모습을 담은 장면으로 시작됩니다. 그리고 이어지는 이야기 전개는 천적들을 피해 메뚜기가 숨어 있는 장면들을 보여 줍니다. 메뚜기는 겁에 질린 채로 살아가는 삶이 싫어져서 스스로 마음을 바꿉니다. 마음을 단단히 먹은 메뚜기는 당당히 천적들에게 맞섭니다. 스스로 살아가는 법을 터득한 것이죠. 메뚜기는 성장을 했습니다. 그림책에서 등장인물의 내적 변화는 인물의 성장입니다. 메뚜기의 성장을 본 독자들은 메뚜기를 통해 자신의 성장도 함께 이룰 수 있습니다.

| 에필로그 |

# 의미 있는 삶으로
# 이어지는 그림책 읽기

　많은 이야기를 접한 아이들은 다양한 삶을 간접경험하며 세상에 대한 지식을 쌓게 됩니다. 아이들은 그림책을 읽으면서 구름을 타고 구름 공항에 놀러 가고, 목욕하다가 공룡들로 가득 찬 백악기 시대로 여행을 떠나며, 연잎을 탄 개구리가 하늘을 나는 일은 그림책 세계 안에서만 존재한다는 걸 깨닫습니다. 『공룡 목욕탕』에서 목욕탕이 백악기 시대로 변하는 환상적 이야기를 접한 아이는 『헤엄치는 집』의 주인공이 떠난 신나는 모험이 환상 세계라는 것과 여행이 끝나면 현실 세계로 돌아오리라는 걸 예측합니다. 그리고 나서 『장수탕 선녀님』을 읽을 때는 이야기에 대한 지식이 형성되어 그림책 간의 유사성과 차이점을 찾게 되죠. 이처럼 점점 능동적이고 능숙한 독자로 성장합니다.

　이뿐만이 아닙니다. 꿈과 희망, 상상을 불러일으키는 그림책이 있는가 하면, 잃어버린 마음(꿈)을 찾아 떠나는 마지막 휴양지로의 여행, 이혼 문제, 다문화 문제, 동성애 문제까지 인간의 삶에 나타날 수 있는 모든 문제를 함축적 의미를 담아 간결하게 그려 낸 것이 그림책입니다. 이러니 그림책에 반하지 않을 수가 없습니다.

그림책에는 이러한 수많은 이야기가 글과 그림으로 표현되어 있습니다. 그래서 글을 모르는 아이들도 그림을 보면서 이야기를 이해하게 됩니다. 특히나 그림책은 그림에 많은 정보를 담아 표현하고 있어서 아이들은 그림을 아주 자세히 보기를 좋아합니다. 아이들은 눈으로 그림을 보면서 부모가 읽어 주는 소리를 함께 들으니 그림책 읽는 것이 마치 영화를 보는 것과 같은 체험을 하게 되지요. 그래서 부모와 함께 도란도란 이야기를 나누며 그림책을 읽은 경험은 아이의 삶에 긍정적인 영향을 줍니다.

1년에 수천 권의 그림책이 그림책 시장에 쏟아져 나온다고 합니다. 모두 다 읽을 수 있으면 좋으련만 그럴 수는 없습니다. 그러니 이왕이면 그중에서 좋은 그림책을 고를 수 있는 안목이 더없이 필요하겠지요. 성인은 아이들을 위해 그림책을 고르는 안목을 갖추고, 심사숙고해 고른 그림책을 어떻게 읽어 주면 좋을지 그 방법을 안다면 도움이 될 것입니다. 그림책을 이루고 있는 글과 그림의 숨은 의도와 의미, 서사 장치, 작가가 전하고자 하는 메시지 등을 알고 이야기를 전달하는 것과 단순히 줄줄 소리 내어 읽는 것에는 엄청난 차이가 있습니다.

그림책은 직접적으로 이야기하지 않고 슬쩍 이야기해서 행동으로 이어지게 합니다. 이는 그림책 한 권의 힘이 아니라, 읽은 그림책이 한 권 두 권 쌓이고 쌓이면서 반드시 의미 있는 삶으로 이어집니다. 이런 의미에서 10권의 그림책을 읽은 아이와 1000권의 그림책을 읽은 아이는 다를 것이라 믿습니다.

그림책은 집, 도서관, 학교, 카페 등 어디에나 있습니다. 독자들 저마다는 그림책을 지식을 습득하기 위해 읽고, 삶의 통찰력을 깨닫기 위해 읽고, 다른 사람과의 관계 형성을 위해 읽고, 재미있어서 읽습니다. 그림책은 다양한 방법으로 다양한 시간에 갖가지 양태로 읽힙니다. 특히 자라는 아이들과 그림책은 떼려야 뗄 수 없는 사이입니다. 아이들이 성장하는 시기에 맞춰 그림책을 좀 더 재미있게 읽는 데 이 책 『그림책 사용 설명서』가 조금이나마 도움이 되면 좋겠습니다. 저자 일동은 『그림책 사용 설명서』에서 그치지 않고 이 책에 담지 못한 '그림책 읽어 주기 실제'를 후속작으로 준비하고 있습니다. 자녀와 함께 그림책 읽기를 원하는 부모님에게 단비 같은 책들이 되길 바라며, 끊임없이 연구한 내용을 함께 나누고자 노력하겠습니다.

엄마와 아이가 함께 즐거운
# 그림책 사용 설명서

**초판 1쇄 발행** 2022년 11월 18일 | **초판 2쇄 발행** 2023년 6월 23일
**글쓴이** 박희연·조경희·조명숙 | **펴낸이** 황정임
**총괄본부장** 김영숙 | **편집** 이나영, 최진영 | **디자인** 이재민, 이선영
**마케팅** 이수빈, 고예찬 | **경영지원** 손향숙

**펴낸곳** 초록서재(도서출판 노란돼지) | **주소** (10880) 경기도 파주시 교하로875번길 31-14 1층
**전화** (031)942-5379 | **팩스** (031)942-5378
**홈페이지** yellowpig.co.kr | **인스타그램** @greenlibrary_pub
**등록번호** 제406-2015-000137호 | **등록일자** 2015년 11월 5일

ⓒ 박희연·조경희·조명숙 2022
ISBN 979-11-92273-06-8  03800

\* 이 책의 그림과 글의 일부 또는 전부를 재사용하려면 반드시 저작권자와 도서출판 노란돼지의 동의를 얻어야 합니다.
\* 값은 뒤표지에 있습니다.

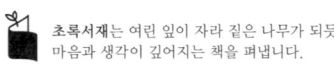
**초록서재**는 여린 잎이 자라 짙은 나무가 되듯,
마음과 생각이 깊어지는 책을 펴냅니다.